Percurso de Lacan: uma introdução

CAMPO FREUDIANO NO BRASIL

Coleção dirigida por Jacques-Alain e Judith Miller
Assessoria brasileira: Angelina Harari

Jacques-Alain Miller

Percurso de Lacan: uma introdução

Tradução:
Ari Roitman
Psicanalista

ZAHAR

"Conferências Caraquenhas", traduzido de *Recorrido de Lacan*, publicado em 1984 por Editorial Hacia el Tercer Encuentro del Campo Freudiano, Buenos Aires, Argentina

"Duas Dimensões Clínicas: Sintoma e Fantasia", traduzido de *Dos Dimensiones Clinicas: Sintoma y Fantasma*, publicado em 1983 por Fundación del Campo Freudiano en Argentina, de Buenos Aires, Argentina

Jorge Zahar Editor Ltda.
rua Marquês de S. Vicente 99 - 1º | 22451-041 Rio de Janeiro, RJ
tel (21) 2529-4750 | fax (21) 2529-4787
editora@zahar.com.br | www.zahar.com.br

2ª edição revista: 1988
Novo projeto gráfico: 2013

Grafia atualizada respeitando o novo Acordo Ortográfico da Língua Portuguesa

CIP-Brasil. Catalogação na fonte
Sindicato Nacional dos Editores de Livros, RJ

Miller, Jacques-Alain
M592p Percurso de Lacan: uma introdução / Jacques-Alain Miller; tradução
2.ed. Ari Roitman. – Rio de Janeiro: Zahar, 1988.
(Campo Freudiano no Brasil)

"Conferências Caraquenhas", traduzido de Recorrido de Lacan.
"Duas dimensões clínicas: sintoma e fantasia", traduzido de Dos dimensiones clinicas: sintoma y fantasma.
ISBN: 978-85-7110-401-3

1. Lacan, Jacques, 1901-1981. 2. Psicanálise. I. Título.

CDD: 150.195
02-1337 CDU: 159.964.2

Sumário

Apresentação
Percurso do discurso

Ari Roitman

Desnecessário apresentar Jacques-Alain Miller ao leitor interessado no percurso de Lacan: este vem sendo, há mais de vinte anos, o percurso do próprio Miller, encarregado por Lacan de estabelecer os textos de seus seminários e por ele apontado, logo após a atribulada dissolução da École Freudienne de Paris, como "ao-menos-um que me lê".

Leitura que revela uma intimidade às vezes surpreendente; transmitir um ensino denso como o de Lacan parece inviável sem o risco de uma simplificação exigível pela didática ou, pelo contrário, sem uma duplicação da árdua dificuldade dos termos e conceitos, Miller surpreende por isto: realiza uma transmissão clara do pensamento de Lacan sem abdicar do rigor e da precisão nele implicados.

Este livro é composto por nove conferências de Miller; as cinco primeiras, conhecidas internacionalmente como "Conferências Caraquenhas", se subdividem em dois conjuntos: 1) as três que foram ministradas na Universidade Central da Venezuela, para o público universitário em geral, em outubro de 1979; e 2) as duas conferências sobre a transferência, promovidas no mesmo mês pela revista *Analítica*, de Caracas, e dirigidas a um público de psicanalistas.

O texto a partir do qual realizamos a presente versão brasileira, não revisto pelo autor, foi estabelecido por Diana Rabinovich e traduzido ao castelhano por J.L. Delmont-Mauri (não há versão francesa publicada).

As quatro últimas conferências, unidas pelo título "Duas dimensões clínicas: sintoma e fantasia", foram proferidas em Buenos Aires, em julho de 1983, diretamente em castelhano. Seu texto foi corrigido e ajustado por J.C. Indart, a quem correspondem também os grifos em alguns enunciados essenciais.

Quanto à nossa intervenção, esta limitou-se à tentativa de obter uma versão brasileira – tão fiel quanto pode ser uma versão – dessas conferências, cuidando de manter o sabor que a expressão oral confere ao discurso.

O trabalho de leitura nos levou a detectar certas imprecisões que se infiltraram pela revisão dos textos originais e, com o conhecimento de Jacques-Alain Miller, corrigi-las.

No mais, tal leitura se manifesta, por um lado, nas notas que julgamos necessárias e, por outro, naquilo que, segundo palavras do próprio Miller, é "o mais escabroso: inventar uma pontuação, pois cada escansão – vírgula, ponto, travessão, parágrafo – decide do sentido. Mas obter um texto legível era a esse preço..."*

* "Notícia", no livro 11 do Seminário: *Os quatro conceitos fundamentais da psicanálise*. Rio de Janeiro, Zahar, 2ª ed., 1985.

PARTE I

Conferências caraquenhas

1. Percurso de Lacan

Sr. Diretor da Escola de Psicologia, senhoras e senhores, gostaria, em primeiro lugar, de agradecer profundamente o convite para lhes apresentar a obra de Jacques Lacan que me fez a Universidade Central da Venezuela, o que me proporciona a ocasião de vir pela primeira vez à América Latina e, espero, de debater, como desejava o professor Cadenas, com os professores e estudantes da Venezuela.

Devo primeiro pedir-lhes desculpas; gosto da língua espanhola, a leio, posso inclusive compreendê-la quando não se fala muito rápido; infelizmente, porém, não tive ocasião de falá-la, e por isso lamento ter que me dirigir a vocês em francês.

Tenho que dar três conferências; dedicarei a primeira a uma apresentação sinóptica da obra de Jacques Lacan que poderá tornar-se, assim espero, para os que serão seus leitores, uma espécie de tábua de orientação, que se diz necessária, já que se imagina que o pensamento de Lacan é difícil.

Digo que se imagina posto que – é uma de minhas teses, talvez paradoxal – é fundamentalmente simples. Constato que às vezes se torna difícil, para mim, convencer acerca desse aspecto. Tentarei, de qualquer jeito, fazê-lo hoje.

Vou primeiro recordar-lhes, talvez lhes informar, que Lacan nasceu com o século, em 1901, e que, singularmente, não teve que recusar honras, pois as honras não lhe acorreram. É notável que na França, país extremamente respeitoso da idade e da glória, Lacan seja ainda um personagem controverso. Não faz parte da Academia Francesa, como seu amigo Lévi-Strauss; não gosta de se apresentar no rádio ou na televisão, e seu único cargo universitário é – como se diz em francês – o de um modesto encarregado de curso na Escola Prática de Altos Estudos. Devo acrescentar, ademais, que, para a Associação Psicanalítica Internacional, ele é anátema; foi, pode-se dizer, excomungado porque, curiosamente, as práticas dessa instituição se parecem muito com as de uma igreja. Apesar disso, por um contraste interessante, nada tem de pensador maldito. Não venho aqui chorar sua sorte. Foi, primeiro, penhor essencial das duas cisões que a comunidade psicanalítica sofreu na França, em 1953 e 1963. Fundou sua própria instituição, a Escola Freudiana de Paris, em 1964, instituição próspera, e creio não exagerar ao dizer que é a mais importante da França. Além disso, seu ensino, ministrado em um seminário que durante muito tempo foi semanal, conta há quase trinta anos com um auditório sem par na França. É um seminário um pouco particular, pois se realiza atualmente ante umas quinhentas ou seiscentas pessoas. E esse auditório se ampliou ainda mais depois da aparição da recompilação de seus artigos, denominada *Escritos*, em 1966. Ele mesmo se diz um *self-made-man*, e reconhece de bom grado que a psicanálise fez sua fortuna.

Assim, é ao mesmo tempo intratável – não cedeu frente a força alguma que se opusesse a esse ensino –, mas, simultaneamente, poderoso dentro da intelectualidade francesa. Manteve seu rumo com uma firmeza da qual não temos muitos exemplos entre os intelectuais, digamos, franceses.

Atualmente, em âmbito crescente, seu nome se associa ao de Sigmund Freud. Lacan não traçou como seu objetivo reinventar a psicanálise. Pôs o começo de seu ensino sob o signo de um retorno a Freud. Apenas formulou, a propósito da psicanálise, uma pergunta fundamentalmente crítica: quais são suas condições de possibilidade? E qual foi a resposta? A psicanálise só é possível se, e somente se, o inconsciente está estruturado como uma linguagem. O que se chama o ensino de Lacan é o desenvolvimento dessa hipótese até suas últimas consequências.

O inconsciente em questão, sublinhemo-lo já que estamos em uma Escola de Psicologia, é o inconsciente freudiano, o que Freud nomeou, e que nada tem a ver com o que se costumava chamar assim outrora. O fato de que o inconsciente – tal como o introduz Freud – seja isomorfo, em sua estrutura, com a linguagem, pode constatar-se na obra de Freud desde os seus primeiros escritos. Tentem não ver Freud através do que puderam ler em outros autores, leiam *A ciência dos sonhos,*[1] leiam *A psicopatologia da vida cotidiana*, leiam sua obra sobre chiste, e vocês verão que a atividade de Freud é uma atividade de deciframento. Decifra o inconsciente, e os mecanismos que isola como mecanismos primários do inconsciente, a saber, a condensação e o deslocamento, têm como protótipos essas figuras de retórica que são a metáfora e a metonímia. Digo que isso se comprova no texto de Freud. Penso que, uma vez notada, essa evidência é dificilmente questionável. E me atreveria a dizer que percebê-la é questão de senso comum.

Há outra evidência, também dificilmente discutível. É próprio da psicanálise operar sobre o sintoma mediante a palavra, quer seja esta a palavra da pessoa em análise, quer seja a interpretação do analista. Isso é o que tem que ser explicado, se é que o descobrimento de Freud é válido. Como pode a palavra atuar sobre o sintoma, e especialmente sobre o sintoma neurótico? É necessário supor entre a palavra e o sintoma uma medida comum, se uma opera sobre o outro. Caso contrário, o que nos resta? Teria que falar em magia. Ou então seria possível supor também que a libido de Freud é uma verdadeira energia real.

Em outras palavras, a pergunta central, com relação à qual se mede a teoria da psicanálise, é a seguinte: como pode o artifício freudiano, quer dizer, o procedimento da livre associação e o dispositivo da cura analítica, afetar o real do sintoma? Cabe objetar a Lacan que Freud nunca disse que o inconsciente está estruturado como uma linguagem. Freud, é verdade, nunca o disse. Mas a tese de Lacan é que se pode demonstrar que o descobrimento freudiano só encontra sua coerência a partir do axioma "o inconsciente está estruturado como uma linguagem". Freud descobriu o inconsciente, expôs as consequências de sua descoberta à medida que lhe foram aparecendo as implicações desta. A teoria de Freud é uma verdadeira barafunda. Para qualificá-la, há uma palavra que aprendi ontem, que cai como uma luva, uma palavra que é típica do castelhano como se fala na Venezuela: diria que há um *zaperoco*[2] freudiano. Pois bem, desse *zaperoco* freudiano Lacan quis fazer um passeio ordenado, claro e lógico. Sua tese é de que as descobertas discordantes de Freud encontram seu fundamento na ideia de que o inconsciente está estruturado como uma linguagem.

Freud se preocupou muito tentando reabsorver a psicanálise às ciências da natureza. Preocupou-se com isso desde seu primeiro trabalho, inédito, que só foi conhecido depois de sua morte, o *Projeto de uma psicologia científica*, e essa ambição se manifesta também em suas tentativas de Metapsicologia: reabsorver a Psicanálise às ciências da natureza. De fato, porém, sua metapsicologia nunca foi mais do que uma análise da estrutura radical da linguagem, o que podemos chamar de uma lógica do significante. Da mesma forma, os pretensos ensaios de psicanálise aplicada versam sempre, em Freud, sobre a própria experiência analítica. *Totem e tabu* não tem importância enquanto antropologia. O interesse de *Totem e tabu* reside no fato de que, nessa obra, Freud se aproxima, em forma de mito, à função do pai na experiência analítica. De modo geral, eu diria que para Lacan não há teoria do inconsciente enquanto tal. Há, sobretudo, uma teoria da prática analítica e, em última instância, é sempre a estrutura que é reconhecida na própria experiência analítica, que se supõe ser a estrutura do inconsciente. Eu diria que todos os teóricos sérios da psicanálise reconheceram sempre essa exigência e sempre designaram ao analista um lugar na estrutura do inconsciente. O analista faz parte do próprio conceito de inconsciente.

Lacan professa um ensino crítico, do qual uma das vertentes é epistemológica. No fundo, quem é Lacan? É um analista que se obrigou a si mesmo a dar razões, toda semana, em público, de sua prática. Não conheço discurso que recorra menos à fé cega, ao princípio de autoridade ou ao entusiasmo. O discurso de Lacan é uma argumentação que pretende ser demonstrativa em um campo em que o obscurantismo, o recurso ao pensamento mágico são regra. Lacan, certamente, introduziu a recompilação de seus *Escritos* com uma referência ao Século das Luzes e à ambição racionalista. Por isso, de fato, é o oposto do retrato que dele se difundiu. Seu ensino está animado por um ideal de simplicidade, como demonstra a redução de material que realizou progressivamente no vocabulário freudiano, até introduzir – em número restrito – os termos de uma álgebra muito cômoda quando se conhece seu manuseio.

Evidentemente, sua escritura – porque, além dos seminários que faz oralmente, escreve artigos – é com frequência aforística, e esconde a articulação do raciocínio. Ocorre também que Lacan mobiliza ao escrever todos os recursos retóricos, homofônicos da língua. Ilustra assim, na própria forma de seu discurso, a primazia do significante. Indiscutivelmente, é difícil seguir o discurso de Lacan, e creio que isso se deve ao contraste que existe entre a alta sistematicidade de seu pensamento, que refundiu todos os termos em que se apoia, e seu estilo, que é um estilo de achados, um estilo ao mesmo tempo digressivo e repentino. Pode-se dizer que quando Lacan emprega uma palavra, nunca se está seguro se se deve entendê-la segundo o uso habitual, corrente da língua. É que ele operou uma refundição na linguagem que, de fato, exige estudo. Além disso, suas referências teóricas são de grande amplidão e diversidade, tanto na literatura como na ciência, tanto na topologia como na lógica. Com efeito, deve-se seguir suas referências e, se me permitem a expressão, quebrar a cabeça. Isso quer dizer que é uma obra extremamente opaca para os leitores apressados.

A teoria de Lacan, ademais, apresenta um caráter de sucessão, de continuidade, que torna difícil captá-la em seus pormenores. É uma obra que se desenvolve há trinta anos, sem descontinuidade aparente. É possível distinguir extratos nesse pensamento, mas se passa insensivelmente de um a outro. Alguns pensadores proclamam sua mudança de opinião; Lacan transforma sua teoria sem rasgadura, como por uma deformação de tipo topológico. Essa é uma de suas dificuldades.

Por outro lado, ao mesmo tempo em que há esse deslizamento, existem entretanto esquemas, fórmulas, grafos[3] que constituem limites que o freiam. Lacan passa e volta a passar pelos mesmos pontos, dando-lhes sucessivamente diferentes leituras. É um tipo de trabalho que causou impacto na intelectualidade francesa. Em Paris, as modas não duram muito tempo, o existencialismo de Sartre esteve em moda, no máximo, durante dez anos; Lacan já tem trinta anos de moda e, apesar de seus esforços, os intelectuais franceses não conseguiram dizer que já o esgotaram. Há uma assombrosa resistência à banalização na própria estrutura desse discurso e há uma difusão que vai além da compreensão.

Tratarei de dar-lhes agora, rapidamente, alguns pontos de referência na obra de Lacan, em seu itinerário de trinta anos. Vou escrever no quadro-negro uma sucessão de letras que encontramos no final de um dos escritos de Lacan: TTYEMUTP. Durante muito tempo me perguntei o que queria dizer essa sucessão de letras, e só o soube indagando ao próprio dr. Lacan. Ele me disse que isso é o que dizia a si mesmo na época desse escrito: começaste um pouco tarde. De fato, a seu critério, Lacan começou um pouco tarde. Lacan data o começo de seu ensino, propriamente, apenas a partir de 1953, considerando o que precede como seus antecedentes. O começo de seu ensino, segundo ele, é seu texto *Função e campo da palavra e da linguagem em psicanálise*. Antes, Lacan era um médico e psiquiatra que tinha escrito numerosos artigos sobre pontos muito sutis da clínica psiquiátrica, cujos trabalhos culminaram com sua tese sobre a psicose paranoica, que é de 1932, e que talvez seja a última grande tese da escola clínica francesa, que teve uma importância enorme no século XIX, mas agora se limitou um pouco. Vejo atualmente muitos estudantes de psiquiatria vindo a Vincennes, à seção clínica que temos, e comprovo que já não se fazem teses clínicas de psiquiatria, mas sim, afinal, teses parassociológicas.

Depois de sua tese e de sua entrada em análise, vou dizer-lhes rapidamente que a primeira teoria da psicanálise que Lacan desenvolve, sobretudo depois da guerra, depois de 1945, faz do imaginário a dimensão própria da experiência analítica. Os mestres que reconhece como tais nessa época são Clérambault, o psiquiatra que nessa época havia visto, sem dúvida, mais pacientes, porque era psiquiatra daquilo que em Paris chamam de Depósito, aonde se enviam todos os que são recolhidos pela polícia – o que tinha dado a Clérambault uma grande experiência psiquiátrica –, e Alexander Kojéve, a cujo seminário sobre Hegel Lacan assistiu então.

Em 1953, por ocasião da primeira cisão do movimento psicanalítico francês, Lacan introduz a proposição "o inconsciente estruturado como uma linguagem" e a distinção do real, o imaginário e o simbólico, que seguirá sendo a pedra de toque de seu ensino, o qual não mudará através de todas as suas variações.

A partir de 1953, periodizo o ensino de Lacan da seguinte forma: entre 1953 e 1963, seu ensino toma a forma de um seminário de textos freudianos. Cada ano é dedicado a um conceito, a uma ou duas obras de Freud, e a validade das estruturas de linguagem é verificada em toda a extensão do campo legado pela experiência de meio século de psicanálise. Nessa época, a categoria que é dada como a dimensão essencial da experiência é a do simbólico. Ao mesmo tempo, Lacan introduz o que podemos chamar de sua *álgebra*, e a introduz sob a forma do que ele chama um *organon*, segundo uma propedêutica que não sobe nenhum andar sem antes haver avaliado se o precedente está bem-apoiado.

Nos dez anos seguintes, 1964-1974, aproveitando a segunda cisão do movimento psicanalítico francês e o deslocamento do seu ensino para a Escola Normal Superior, a convite de Louis Althusser, ele já não comenta diretamente os textos de Freud. Pelo contrário: são os seus próprios termos os que dão ritmo a seu ensino; o sujeito barrado; o objeto chamado a minúsculo; e A (outro com maiúscula).[4] Suas teses são as que ocupam o centro de sua elaboração.

Depois de 1974, estamos no terceiro período que distingo em seu ensino propriamente dito, e Lacan toma por objeto o próprio fundamento de seu discurso e, especialmente, a tripartição do real, o simbólico e o imaginário. Deu-nos uma espécie de metateoria, numa linguagem de grande simplicidade, com termos, ao mesmo tempo, que muitas vezes são aporéticos. Lacan evoca nesses termos a sua experiência, e, neste último período, ainda vigente, o real se converteu na categoria essencial.

Estou encarregado de redigir e publicar seus seminários atuais na revista *Ornicar?*. O conjunto de seus seminários, desde o primeiro que foi gravado, está em processo de publicação – eu os redijo. Portanto, só conhecemos até agora uma pequena parte da obra de Lacan; há mais de vinte tomos em preparação. Penso que, quando essa publicação estiver mais avançada, se poderá medir como Lacan cobriu os principais campos do pensamento que hoje em dia se refere à psique.

Considero, então, que o discurso de Lacan se desenvolveu segundo uma lógica irresistível, que estava inscrita de algum modo em seu início, e que – de certa forma – teve sua estrutura fundamental traduzida em história. Por outro lado, temos a estrutura real, simbólica, imaginária; ao mesmo tempo, em seu discurso, cada um desses termos foi sucessivamente ocupando o primeiro lugar.

Vou dizer-lhes algo sobre essa teoria do imaginário: "Entrei na psicanálise" – diz Lacan – "com uma vassourinha que se chamava o estádio do espelho." O estádio do espelho foi, de fato, objeto de sua primeira intervenção em psicanálise, no Congresso Internacional de Marienbad, em 1936. Seu tema, no entanto, não corresponde exatamente à psicanálise, e sim à observação do comportamento, e sua descrição depende tanto da psicologia animal quanto da fisiologia humana. Que é o estádio do espelho? Resume-se no interesse lúdico que a criança dá mostras, entre os seis e os dezoito meses, por sua imagem especular, aspecto pelo qual a criança se distingue, certamente, do animal. Reconhece a sua imagem, se interessa por ela, e esse é um fato que, podemos admitir, é observável. Lacan, ao longo de seu ensino, concedeu a maior importância a esse estádio, ressalvando apenas que, afinal, terminou considerando que o essencial nele não era nem a ideia de estádio, nem a observação. Quis explicar esse interesse singular da criança, e para isso recorreu à teoria de Bolk, segundo a qual o lactente humano é de fato, desde a origem, em seu nascimento, um prematuro, fisiologicamente falando. Por isso, está numa situação constitutiva de desamparo; experimenta uma discordância intraorgânica. Portanto, segundo Lacan, se a criança exulta quando se reconhece em sua forma especular, é porque a completeza da forma se antecipa com relação ao que logrou atingir; a imagem é, sem dúvida, a sua, mas ao mesmo tempo é a de um outro, pois está em déficit com relação a ela. Devido a esse intervalo, a imagem de fato captura a criança – e esta se identifica com ela. Isso levou Lacan à ideia de que a alienação imaginária, quer dizer, o fato de identificar-se com a imagem de um outro, é constitutiva do eu (*moi*)[5] no homem, e que o desenvolvimento do ser humano está escandido por identificações ideais. É um desenvolvimento no qual o imaginário está inscrito, e não um puro e simples desenvolvimento fisiológico. Deve-se constatar que a psicologia animal nos dá numerosos testemunhos da ação real da imagem; a maturação de certas espécies exige a relação especular com um outro da mesma espécie. A respeito disso, Lacan desenvolveu muitos aspectos da psicologia animal; vocês me desculparão por só me referir resumidamente a isso, pois ainda estamos no começo.

A partir desse princípio, Lacan pensou dar conta do que se comprova, me atreveria a dizer, na experiência cotidiana – não se necessita da psicanálise para isso: a agressividade ambivalente do homem com relação a seu semelhante, que é sempre aquele que o suplanta, sempre aquele que está em seu lugar, justamente porque é um semelhante, quer dizer, porque é outro, sendo ao mesmo tempo ele mesmo sobre o modelo dessa imagem primeira.

Essa teoria explica também a relação fundamentalmente paranoica do homem com seu objeto. Que significa dizer que a relação do homem com seu objeto é paranoica? Significa que o objeto lhe interessa na medida em que o outro está disposto a tomar-lho; esse é, por outro lado, o nível de conhecimento em que se situam os especialistas da publicidade: para criar a demanda deve-se dar a entender que o produto é raro, quer dizer, que os outros o vão arrebatar. Vocês me desculparão por dar traduções tão grosseiras, mas afinal é dessa ordem, isso dá conta do caráter histérico do desejo humano, que é sempre fundamentalmente desejo do outro.

Mas deixemos essa teoria, que é uma teoria rudimentar e que Lacan rejeitou como anterior, em seus antecedentes. De entrada, essa abordagem da questão do eu (*moi*) comprometia Lacan com uma via oposta à via anglo-saxônica da psicanálise. Na mesma época em que Lacan entrava na psicanálise, a partir do estádio do espelho, vocês têm, em Nova York e em Chicago, Hartmann, Kris e Lowenstein, que construíam uma teoria muito diferente. Quiseram reinterpretar Freud a partir da segunda tópica freudiana e, devemos reconhecê-lo, essa concepção é a que tem triunfado até hoje nos países de influência inglesa e norte-americana.

Vocês conhecem a tópica freudiana, que distingue as instâncias do eu, o supereu e o isso;[6] é uma teoria tardia em Freud, que a expôs a partir dos anos 1920. Nossos psicanalistas de origem europeia, transplantados aos Estados Unidos, consideraram que podiam unificar a teoria de Freud a partir dessa concepção, dessa distinção de três instâncias, e que podiam fazer do eu (*moi*) a instância central da personalidade, dotada de uma função de síntese. Supuseram também que o eu era uma espécie de ponto de Arquimedes para o psicanalista, e que o psicanalista devia reforçar o eu para tratar de levar o paciente ao nível da realidade.

Pois bem, abordar a questão do eu a partir do estádio do espelho leva a algo muito diferente. O eu, nessa concepção, não é unificador, tampouco é unificado, é uma desordem de identificações imaginárias e, no decorrer da cura analítica, segundo essa concepção, tais identificações imaginárias reaparecem sucessivamente. Isso permitiu que Lacan dissesse, naquela época, que a cura psicanalítica era uma espécie de paranoia dirigida. Pode-se dizer que o eu, no sentido de Lacan, ainda que esta ideia já esteja presente em Freud, é originariamente um engano e, de fato, está constitutivamente desintegrado.

Sobre isso, pensava no que diz Leo Spitzer acerca do *Buscón* de Quevedo. Spitzer critica o estilo de Quevedo em seus retratos dizendo que, afinal, seus personagens não têm alma, estão compostos por traços heteróclitos. Eu diria que precisamente esse estilo quevediano corresponde perfeitamente a essa concepção lacaniana do eu. O eu é uma desordem. Em todo caso, é assim como aparece na experiência analítica; sempre falamos desse campo. Em outros campos, é possível efetivamente dar-lhe outros valores, mas o propriamente freudiano – e é por isso que a psicanálise não é uma psicologia – é essa concepção não unificada, não unificante do eu.

Então, a primeira teoria de Lacan, que acabo de lhes resumir brevemente, tem sua coerência. No entanto, tropeça com a seguinte dificuldade: a relação imaginária entre o eu e o outro é fundamentalmente uma relação mortífera, uma relação na qual está o eu ou o outro. Esse é um dos fundamentos do pessimismo de Freud, que não pensava que os homens se organizassem harmoniosamente de maneira espontânea. Tudo está aí para mostrá-lo, e nem mesmo se pode falar de pessimismo, deve-se falar de realismo. Essa relação imaginária mortífera, nessa época do pensamento de Lacan, tem como única saída um desenlace identificatório, quer dizer, alienante. Pois bem: nem todas as identificações são equivalentes, no próprio Freud algumas identificações são normativas. Lacan utiliza um termo nessa época, imago, que resume toda essa dificuldade. Por um lado, é uma imagem sensível, aquilo que a etologia atesta que pode ter efeitos reais; por outro, é um conjunto de traços organizados, inclusive tipificados. Com relação a esse ponto, a ambiguidade se desvanece, pois o ensino de Lacan começa com a disjunção entre o simbólico e o imaginário. Pode-se dizer, verdadeiramente, que o ensino de Lacan começa quando distingue de forma radical o que pertence ao domínio imaginário e o que pertence ao domínio simbólico, ao qual já chegaremos. Ao mesmo tempo, distingue o eu em sua dimensão imaginária e o sujeito como termo simbólico, e esse é um dos primeiros termos que introduz em Freud, e é também um dos primeiros termos de sua álgebra.

O simbólico é em Lacan uma noção muito elaborada. Diria inclusive que é muito heterogênea. Nesse conceito estão presentes tanto a dialética quanto a cibernética, e essa dimensão, em alguns aspectos, não deixa de estar relacionada com o que Popper chama de "o terceiro mundo". Uma vez afastado o símbolo da imagem –

quando não se confundem ambos, como faz Jung –, o simbólico tem, podemos dizer, duas vertentes: a vertente da palavra e a vertente da linguagem.

Tomemos a primeira vertente, a vertente da palavra. Enquanto a dimensão imaginária, tal como a esboçamos, é fundamentalmente uma dimensão de guerra, de rivalidade mortal, Lacan encontra na função da palavra uma função pacificadora. A palavra também opera identificações, mas elas são, se quiserem, identificações salvadoras que permitem superar a rivalidade imaginária. Fala sobre isso com frequência, sobretudo no princípio de seu ensino, da palavra como função de mediação entre os sujeitos.

Nessa vertente, que podemos dizer do sintoma? Podemos dizer que o sintoma se deve a um defeito de simbolização, que constitui um centro de opacidade no sujeito porque não foi verbalizado, porque não passou à palavra, e que se desfaz na medida em que passa à palavra. Pode-se dizer que a cura analítica aparece principalmente, nessa direção, como uma cura de simbolização; é necessário assinalar que muita gente se deteve nessa concepção de Lacan. O assombroso, se me permitem a expressão, em sua teoria é que existem muitíssimos andares, cada um dos quais tendo um tipo de consciência, e é possível distinguir os lacanianos, na França especialmente, por seu ano, como se distinguem as safras dos vinhos. Como há, além disso, certo número de pessoas que deixaram Lacan em diferentes momentos – a ponto de haver, em todas as escolas psicanalíticas na França, antigos discípulos de Lacan –, pode-se reconhecer o momento em que o abandonaram pelo nível teórico da teoria de Lacan em que permaneceram, pois é preciso dizer que, na França, não se propôs nenhuma outra teoria que se sustente. Nessa vertente, então, a cura é um processo fundamentalmente intersubjetivo, no decorrer do qual o sujeito é levado a restabelecer a continuidade de sua história, interrompida pelo sintoma. Era o que Lacan exprimia ao dizer que o inconsciente é um capítulo censurado da história do sujeito. A cura opera porque permite dar significação retroativa ao que permaneceu opaco para o sujeito em sua experiência. É o que a ideia de trauma tenta traduzir. Quando se falava de trauma com relação à psicanálise, quando Freud imaginava que havia um trauma real na origem de uma neurose, que pelo fato de que tal menina tenha sido efetivamente seduzida e corrompida por um adulto mais tarde se transformava em histérica..., teoria que Freud abandonou, o que tentava apreender era precisamente essa ideia de uma experiência inassimilável para o sujeito, que engendra o sintoma, e que a cura por simbolização devia permitir desfazer. Essa é uma das vertentes do simbólico. A vertente da palavra.

A outra vertente concerne ao que se pode chamar de ordem simbólica como conjunto diacrítico de elementos discretos, separados. Diacrítico quer dizer que os elementos adquirem valor uns com relação aos outros, é um conceito que vem de Saussure, da linguística estrutural. Esses elementos separados estão, enquanto tais, privados de sentido e formam em sua conjugação uma estrutura articulada, combinatória e autônoma. Por um raciocínio muito simples, compreendem que essa estrutura não tem origem e que, se esta existe, não se pode estabelecer sua gênese; está sempre já aí disposto que os elementos só valem uns com relação aos outros. Então, precisemos que a linguística estrutural só começou no momento em que se deixou de formular perguntas acerca da origem. Por essa razão, o sentido do ensino de Lacan se opõe totalmente à ideia de psicogênese. Este é um ponto sobre o qual haveria que insistir, pois muitas vezes se considerou que o ensinamento essencial de Freud foi a teoria dos estádios. Lacan torna a ler a teoria dos estádios e demonstra, de forma convincente, que o essencial não é a concepção histórica do desenvolvimento psicológico. Se querem que ilustre rapidamente esse caráter de "já aí" da estrutura, pensem que, ao contrário do que se imagina, não há aquisição progressiva da linguagem. As crianças pequenas já utilizam formas de linguagem extremamente elaboradas do ponto de vista sintático, a criança está, desde o início, em um banho de linguagem. Não devemos permitir que a ideia de aprendizado nos cegue diante do fato de que a estrutura da linguagem preexiste à entrada do sujeito nessa estrutura; seja qual for o aprendizado, a criança não modifica essa estrutura, tem que se submeter a ela. Nessa vertente vocês observarão que se trata de uma estrutura feita de sem-sentido.

Essas duas vertentes do simbólico apresentam um problema particular. A primeira vertente é sobretudo significação, e a segunda é sobretudo sem-sentido. Pode-se dizer que o acento de Lacan passou, indubitavelmente, da primeira vertente à segunda. A primeira o aproximava ainda dos fenomenólogos e – como, por exemplo, era amigo de Merleau-Ponty, que fez muito para difundi-lo na França – muitas pessoas ainda hoje veem, em Lacan, alguém que descende de Husserl, e até um heideggeriano; mas, evidentemente, essa é uma ideia totalmente errada. Lacan elaborou, pode-se dizer, a dimensão comum a esses dois aspectos do simbólico.

Distinguirei aqui três pontos. Em primeiro lugar, retificou o paralelismo que Saussure postulava entre o significante e o significado, insistiu sobre o fato de que o primeiro, o significante, atua sobre o segundo, o significado, ao contrário da posição que sustenta que o significante serve somente para exprimir o significado. A tese de Lacan é que o significante atua sobre o significado, e inclusive, em um sentido radical, o significante cria o significado, e é a partir do sem-sentido do significante que se engendra a significação.

Em segundo lugar, introduziu o conceito de cadeia significante para dar conta da sobredeterminação na qual vê, da mesma forma que Freud, a condição de toda formação do inconsciente. Deve-se explicar adequadamente um conceito que Freud introduziu, o do automatismo de repetição, esse conceito tão enigmático, de instinto de morte, que é um paradoxo em seus próprios termos; um paradoxo *in adjecto*. Como poderia existir um instinto que, longe de ser vital, seria um instinto de morte? Lacan assinala que o automatismo de repetição, no sentido de Freud, veicula uma marca indelével, e que o inconsciente está constituído por essa marca, da qual o sujeito não consegue desembaraçar-se. Acredita-se que o inconsciente tem a ver com a memória. Sem dúvida, tem a ver com uma memória que não tem nada de psicológica. A memória, tal como pode ser testada em psicologia, não é uma memória indelével; pelo contrário: é, dado o caso, uma memória que lhes permite, na experiência, corrigir o comportamento de vocês, adaptá-lo. Pois bem, o que comprova Freud é que há algo no sujeito humano que é fundamentalmente inadaptável. Voltarei a esse ponto, mas é precisamente por esse aspecto que a psicanálise tem algo a ver com a liberdade, pois quando se imagina que o ser humano é completamente adaptável só se tem uma ideia: controlar totalitariamente o seu ambiente, poder moldá-lo. Mas não acredito - já acreditei - que doutrina alguma que prometa um homem novo seja autenticamente uma doutrina de libertação. Certamente, desde Freud não podemos mais confiar nos que pensam na adaptação controlada do ser humano, e, sobre isso, me atreveria a dizer que aponta na direção do essencial autoritarismo que perpassa - talvez seja um paradoxo para muitos de vocês - todo empirismo. Isso permite compreender ao mesmo tempo o valor revolucionário e subversivo da psicanálise, mas também que Freud não pensa que a esperança esteja obrigatoriamente do lado da verdade. Essa é uma pequena digressão.

Em terceiro lugar, faz funcionar o simbólico, a estrutura íntegra, como um termo. Mostra como a relação entre a estrutura simbólica e o sujeito se distingue da relação imaginária do eu e o outro. Por isso, introduziu essa escritura do Outro com maiúscula (A), que se distingue do outro com minúscula (que é recíproco, simétrico, do eu imaginário). É certamente difícil expor rapidamente esse conceito de Outro; no entanto, é isso que tento fazer. É difícil expô-lo rapidamente, pois não é dito em um só sentido. Em primeiro lugar, pode-se dizer que o Outro é o grande Outro (A) da linguagem, que está sempre já aí. É o Outro do discurso universal, de tudo o que foi dito, na medida em que é pensável. Diria também que é o Outro da biblioteca de Borges, da biblioteca total. É também o Outro da verdade, esse Outro que é um terceiro em relação a todo diálogo, porque no diálogo de um com outro sempre está o que funciona como referência tanto do acordo quanto do desacordo, o Outro do pacto quanto o Outro da controvérsia. Todo o mundo sabe que se deve estar de acordo para poder realizar uma controvérsia, e isso é o que faz com que os diálogos sejam tão difíceis. Deve-se estar de acordo em alguns pontos fundamentais para poder-se escutar mutuamente. A esse respeito, esse Outro da boa-fé suposta está presente a partir do momento em que se escuta alguém, suposto também a partir do momento em que se fala a alguém. É o Outro da palavra que é o alocutário[7] fundamental, a direção do discurso mais além daquele a quem se dirige. A quem falo agora? Falo aos que estão aqui, e falo também à coerência que tento manter. Também a dificuldade de falar aqui se deve precisamente a que, não conhecendo o contexto, não sei como entendem o que digo. A teoria da comunicação esquece algo: no lugar do código, no local onde está o código, é que se elabora fundamentalmente a mensagem. Isso levou Lacan a adotar a fórmula paradoxal – mas refletindo um pouco vocês captarão sua verdade – de que, na comunicação humana, o emissor recebe sua mensagem do receptor de forma invertida. O Outro de Lacan é também o Outro cujo inconsciente é o discurso; o Outro que no seio de mim mesmo me agita, e por isso é também o Outro do desejo, do desejo como inconsciente, esse desejo opaco para o sujeito, acerca do qual pede, em certos casos, que lhe informem, recorrendo à cura psicanalítica. Mas ninguém, salvo ele mesmo, pode informar-lhe acerca de seu desejo através do circuito dessa comunicação que, vocês podem ver, não é a comunicação linear que se representa na teoria da comunicação.

Diria que fiz aqui apenas uma pequena sinopse desse Outro, que intervém na teoria de Lacan em níveis muito diversos, mas todos esses níveis se distinguem pelo fato de que concernem a uma dimensão de exterioridade com relação ao sujeito. O que Lacan chama de Outro é uma dimensão de exterioridade que tem uma função determinante para o sujeito. Nesse sentido é, podemos dizer, o nome genérico daquilo que Freud chamou, retomando uma expressão de Fechner, a "Outra cena", essa outra cena onde se situa toda a maquinaria do inconsciente. Ler Lacan, como já podem perceber, supõe que, quando se vê essa palavra, "Outro", se tenha ideia da diversidade de significações ligadas a esse significante, que aqui só pude tentar fazer vocês entreverem.

Essa construção implica que o inconsciente não resiste, contrariamente ao que foi ressaltado em primeiro plano na teoria freudiana, segundo a interpretação dos anglo-saxônicos. O inconsciente não resiste, o inconsciente repete, o inconsciente gira como uma mensagem em um computador, não deixa de girar e diz, ademais, sempre a mesma coisa. Se há resistências, elas estão situadas no nível da relação imaginária entre o eu e o outro. O imaginário existe, e as formações imaginárias fascinaram os psicanalistas. Lacan explica que essas formações imaginárias se manifestam sobretudo por sua inércia, na medida em que esfumam as relações do sujeito com o grande Outro, que é o único determinante fundamental para o sujeito. A partir desse momento, a operação analítica se desenvolve essencialmente no simbólico.

Qual é a função do psicanalista? Para que deve tê-lo preparado sua formação? Sua função é desaparecer enquanto eu (*moi*), não permitir que a relação imaginária domine a situação. Nesse sentido, sua própria posição no dispositivo analítico manifesta essa subtração à relação imaginária. Pelo contrário: na experiência analítica, deve estar no lugar do grande Outro e, se interpreta, deve interpretar dessa posição excêntrica; apenas desse lugar tem possibilidade de desfazer o sintoma. Devo imediatamente acrescentar que essa é uma primeira teoria de Lacan sobre a posição analítica, há três ou quatro sucessivas que tratam, cada vez mais, de delimitá-la de forma mais precisa. Mas essa é valiosa, está na base de numerosos esquemas de Lacan que consistem em opor o eixo da relação imaginária ao eixo da relação simbólica. Desenharei simplesmente uma cruz; por um lado, têm o eixo da relação imaginária entre os termos recíprocos "eu": a e a' (outro com minúscula), e no outro eixo, cruzado, estão o sujeito e o grande Outro. Como podem ver, eu não lhes mentia quando dizia que os esquemas de Lacan eram simples.

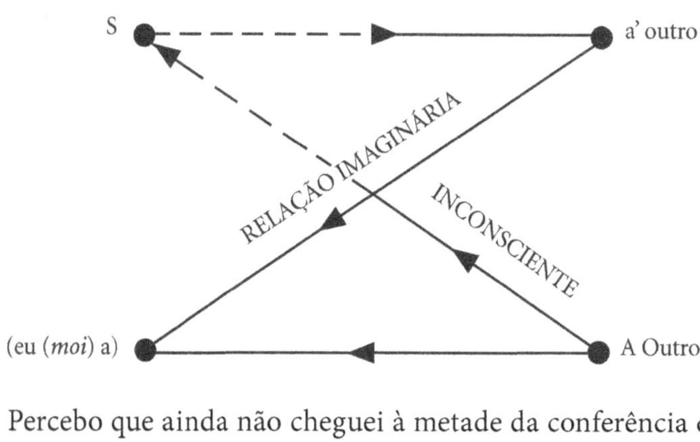

Percebo que ainda não cheguei à metade da conferência que tinha preparado, e já estou a ponto de ultrapassar o tempo estipulado; no entanto, é necessário que faça diante de vocês a pergunta: Lacan é estruturalista?

Em um primeiro sentido, Lacan é estruturalista, e sua noção de estrutura lhe vem de Roman Jakobson, por intermédio de Claude Lévi-Strauss, e também diretamente de seu trabalho com Jakobson, que, efetivamente, pode ser situado entre seus mestres e seus amigos.

Em um segundo sentido, Lacan é estruturalista, mas um estruturalista radical, pois se ocupa da conjunção entre a estrutura e o sujeito, enquanto a própria questão não existe para os estruturalistas, fica reduzida – é um zero. Lacan, ao contrário, tentou elaborar qual é o estatuto do sujeito compatível com a ideia de estrutura.

Em um terceiro sentido, Lacan não é de modo algum estruturalista, pois a estrutura dos estruturalistas é uma estrutura coerente e completa (por princípio, a estrutura diacrítica é completa), enquanto a estrutura lacaniana é fundamentalmente antinômica e incompleta. Diria que o primeiro dos três aspectos é bem conhecido, e que os outros dois são muito menos conhecidos.

O sujeito de Lacan não é um dado inicial; o único dado inicial é o grande Outro. Daí a pergunta: como pode se constituir o sujeito no lugar do Outro que o preexiste? É uma pergunta que recebeu, no ensino de Lacan, respostas cada vez mais precisas, na medida em que a sua concepção da estrutura se tornou lógica, se aproximou da lógica no sentido formal do termo. A estrutura de Lacan não é uma potência invisível que atua imperceptivelmente. Sabem como falava Adam Smith, nos primórdios do capitalismo, da mão invisível que põe as atividades humanas em seu lugar e as faz compatíveis e harmoniosas. Não é a nós, evidentemente, que podem vir contar isso... Mas a estrutura de Lacan não é, de modo algum, uma mão oculta. A estrutura de Lacan é uma estrutura que captura um ser vivo particular, o ser vivo que fala. No fundo, isso cria uma diferença com todas as formas de psicologia, tanto humana como animal. O aspecto fundamental, valorizado pela experiência analítica, é que o homem é um ser vivo, mas um ser vivo que fala, o que tem inclusive consequências no seu corpo; é que a estrutura escraviza o sujeito, fragmenta-o em efeitos de significante. Que podem compreender da histeria se não admitem a fragmentação significante do próprio corpo? Não se deve ver a linguagem simplesmente como um meio de expressão. Em primeiro lugar, é algo material, que exige instrumentos, como por exemplo este microfone - certamente muito pesado -, que exige fitas magnéticas, que é material, mas, indo além, mobiliza os afetos mais profundos do corpo. O significante, a estrutura significante, tem um efeito de desvitalização sobre o corpo, mortifica-o. Isso explica que a pulsão de Freud esteja fora do domínio de toda psicologia, a pulsão freudiana não é, de modo algum, um impulso do instinto. Se não me creem, leiam o texto sobre *As pulsões e suas vicissitudes*,[8] que está na Metapsicologia de Freud; verão que o que se chama pulsão obedece a uma gramática.

É a partir dessa captura do ser vivo pela estrutura que se explica também essa perda constitutiva do objeto, da qual Freud se aproximou em sua teoria dos estádios. O fundamental da teoria dos estádios é que cada um deles está organizado a partir de um objeto perdido. Tanto o seio, que é abordado a partir do desmame, como as fezes, que são abordadas a partir da relação anal, da captura dessa dimensão pela educação - sem a qual a criança nunca se separaria delas, só anseia brincar com elas, como todo o mundo sabe. Também a castração e o estádio genital, que está longe de ser uma plenitude em Freud, são abordados a partir do falo como perdido, como faltante. Isso constitui o núcleo da teoria do Édipo - que o falo, aí, também está fundamentalmente perdido. Não se trata, obviamente, do órgão real; a questão é saber que se trata do falo em sua dimensão simbólica e imaginária.

Digamos, de maneira geral - pois de qualquer modo já devo parar -, que as necessidades do homem estão nele completamente transformadas pelo fato de que fala, pelo fato de que dirige demandas ao Outro – e se pode colocar nesse outro um O maiúsculo –, esse Outro que Lacan chama de Outro onipotente da demanda. Em geral, no homem, o significante substitui a necessidade, pois a demanda ao Outro tende, por seu próprio movimento, a se converter em demanda pura da resposta do Outro – aí se coloca o amor. O amor está além do que seria a satisfação da necessidade. Vocês podem perfeitamente satisfazer a necessidade de comer, podem satisfazer a fome; podem satisfazer tanto essa necessidade, que podem chegar a fabricar anorexígenos. A demanda de ser alimentado não se situa no mesmo nível da pura e simples necessidade de comer. O mais importante que se tem para dar é o que não se tem como uma propriedade, como um bem, e esta é, decerto, a definição lacaniana do amor: dar o que não se tem. Essa resposta do Outro, a pura resposta do Outro, é mais importante que a satisfação da necessidade, e é aí precisamente onde Lacan encontra o princípio da identificação simbólica: a partir do significante da resposta do grande Outro se dá a primeira identificação do sujeito. Acrescente-se a isso que é o intervalo entre a necessidade e o amor que explica aquilo que Freud descobriu no sonho com o nome de "*Wunsch*" – anseio –, e que é o desejo.

Terminarei dizendo que o desejo freudiano não é uma função vital. O desejo no sentido de Freud, o desejo inconsciente, é um desejo sempre particular de cada um de nós, excêntrico, que não caminha no sentido da sobrevivência e da adaptação. É um desejo que, pelo contrário, machuca. Ao mesmo tempo, revelado na livre associação, é um desejo indestrutível – Freud o chama assim, "indestrutível" –, não é um desejo que se possa esquecer. E este desejo é essencialmente insatisfeito. Não é uma função que se possa satisfazer. Não há satisfação para o desejo, e por isso Lacan denominou um de seus seminários *Mais, ainda*. O desejo está a tal ponto capturado no deslizamento da cadeia significante que Lacan o identifica com esse deslizamento, e fala da metonímia do desejo. Esse lema de Lacan tornou-se popular, pelo menos na França: o analista é quem não responde à demanda, e tenta assim situar-se e interpretar ao nível do desejo. O desejo não é educável, não é suscetível a uma pedagogia, e nem a uma sexologia, que se situa em outro nível, um nível puramente instrumental. O desejo só é suscetível a uma ética, ética que Lacan formulou, nos anos 1950, da seguinte forma: não ceder quanto ao seu desejo. Isso não quer dizer que o desejo possa ser liberado. Claro, não faltaram interpretações de Lacan nesse sentido, pois – de alguma forma – a maior parte dos discursos produzidos nos últimos dez anos na França, nesse campo, é constituída por variantes de Lacan. Não é possível liberar o desejo porque o desejo freudiano não está destinado à plenitude. O desejo está coordenado a uma função de falta, de carência, e – longe de ser infinitamente plástico – suas formas são limitadas em número. Lacan lamentava que a experiência analítica não tivesse criado uma nova forma de perversão. Mas não se criam assim com tanta facilidade as formas de perversão... Existe um determinado número delas.

Até aqui chega a metade da minha primeira conferência; penso que retomarei essas questões, na segunda, a partir da definição lacaniana da linguagem, que tem certas consequências tanto para a teoria da literatura quanto para a teoria da comunicação. Na terceira, falarei da psicanálise e da teoria da ciência. Obrigado.

2. O PIROPO: PSICANÁLISE E LINGUAGEM

O TÍTULO ANUNCIADO para esta conferência, título que tive a fraqueza de aceitar, é "Psicanálise e linguagem". Pode-se enfocar esse tema de muitas maneiras; é, aliás, o assunto essencial da psicanálise no sentido de Freud e de Lacan. Podem compreender isso facilmente se relembrarem o axioma de Lacan: o inconsciente está estruturado como uma linguagem.

Então: por onde abordar essa vasta questão aqui, em pouco mais de uma hora? Poderia começar seguindo o ponto de vista do gramático, o ponto de vista do filósofo, ou o ponto de vista do linguista, seja este estruturalista ou transformacional.

Poderia fazê-lo pelo viés do discurso de um professor, do que estou fazendo hoje. Ou pelo ângulo desta materialidade significante, concretizada nos aparelhos que estão nesta sala e nestes pequenos cassetes que giram e gravam o que digo.

Mas estou decidido a segui-la através de um rodeio particular, para o qual lhes pedirei certa indulgência, pois é um rodeio que não pertence à minha área cultural, mas sim à de vocês. Assim, se eu me enganar, poderão corrigir-me ou me fornecer elementos. É algo a propósito do que só estive refletindo de três dias para cá.

Queria abordar a questão da linguagem a partir do *piropo*[9], que é ainda hoje, me asseguram, uma atividade reconhecida e praticada nas ruas de Caracas, apesar de essa tradição estar, ao que parece, em decadência na Espanha. Nesse caso, comprova-se a vitalidade superior da América Latina com relação à sua parenta europeia.

Imaginei que o *piropo* era uma situação concreta, exemplar, para captar *in vivo* a função da linguagem. Uma situação concreta e, para dizer a verdade, bastante enigmática. Pois qual pode ser o gozo que um homem – pois é sempre um homem, nesse caso, o locutor – encontra em se dirigir a uma mulher desconhecida, destinar-lhe uma mensagem, e até mesmo um poeminha em honra a seus encantos? O *piropo*, pelo que entendi, supõe que o piropeador não aspira a permanecer com essa mulher e, se aí existe uma mensagem erótica, uma conotação erótica, existe ao mesmo tempo, singularmente, um desinteresse profundo, desinteresse que torna o *piropo*, quando atinge a excelência, uma atividade estética. No fundo, o *piropo* nos marca o corte entre o dizer e o fazer. Pois bem, eu me atreveria a dizer que o *piropo* me parece exemplar não só da função da linguagem, mas também da relação entre os sexos, mesmo que fosse apenas pela dissimetria que mostra entre eles.

Devo boa parte de minhas informações a um livro, cuja leitura me permito aconselhar-lhes, um livro de um alemão, Werner Beinhauer, que há uns anos foi traduzido para o espanhol – *Piropos* –, que figura no livro *O humorismo no espanhol falado*, publicado na célebre Biblioteca Românica-Hispânica.

Então, o *piropo* bem-sucedido é uma argúcia. Qual é sua excelência? Reside, como em toda argúcia, em uma certa forma de incongruência. É necessário, para que haja argúcia, piada, chiste, que a mensagem não figure de forma fixa, já reconhecida no código. A argúcia vale como tal na medida em que implica certa infração e, neste caso, a infração do *piropo* é duplicada pelo fato de ser também uma infração ao código da decência. A mensagem – essa mensagem – vale por sua diferença com o código. Mas para que a argúcia se produza não basta infringir o código: é necessário, como se sabe, que o outro, a quem se dirige, queira rir ou sorrir. Por isso, o que separa a grosseria pura e simples da argúcia mais delicada é a sanção do Outro, a quem me dirijo. Do mesmo modo, um *piropo* só é verdadeiramente bem-sucedido quando o outro ao qual se dirige – neste caso, a mulher desconhecida – o sanciona com seu amável sorriso ou com a ofensa que lhe provoca.

Veem aqui – encarnado na mulher, em qualquer mulher – o Outro, o grande Outro do qual já lhes falei na outra vez, o grande Outro, aqui lugar do código fundamental da linguagem. Se o *piropo* me parece uma situação exemplar é porque, aqui, a função estrutural do Outro, do grande Outro, é sustentada pela mulher, que desde sempre figura o Outro sexo – e podem colocar aí Outro com maiúscula, o Outro sexo – em um sentido muito diferente daquele em que se pode dizer que o homem é o Outro sexo para ela. Em certo sentido, os dois sexos são cada um Outro para o outro, mas, em um sentido mais profundo, o sexo chamado feminino é que é fundamentalmente Outro. Seu mistério não cessou de deter os homens, inclusive os homens psicanalistas, e Freud foi, efetivamente, o primeiro a dizer que esse mistério ele não havia decifrado, o mistério de saber o que quer uma mulher. Este é, se quiserem, um limite para a psicanálise.

O que é especialmente interessante no *piropo*, pelo menos nas formas que o erudito alemão encontrou no livro que lhes citei, é que o *piropo* sempre designa aquilo de que se trata – mas de que se trata? – de maneira lateral. Não opera mediante uma referência direta à relação sexual. Pelo contrário; aponta sempre um pouco de lado, a elementos secundários, subalternos. Por exemplo, existem formas para celebrar a beleza da mulher com quem se cruza. A expressão que emprega então o autor do *piropo* – que pode muito bem celebrar essa beleza dizendo: *Ole, tu madre!* (olé, tua mãe!) – aponta, mas só alusivamente, ao que está em questão. A alusão ressalta ainda mais a beleza, o brilho da beleza que se celebra. Existe, em torno disso, toda uma declinação. É possível celebrar o pai, o país, a região; a leitura desse texto me resultou apaixonante.

Isso pode chegar a um exemplo que me pareceu especialmente significativo, esse *piropo* que consiste em dizer: *Viva la virgen de la esperanza mía!* (Viva a virgem da minha esperança!) No fundo, estamos aqui absolutamente no indireto. Secretamente, nessa argúcia a identificação se faz entre a mulher a quem se dirige e a essência dessa esperança qualificada como minha. Com efeito, é a esperança que move o *piropo*: que essa mulher possa ser – mas nunca o será – possa ser sua. É sempre por abuso que se imagina que uma mulher é sua. Os homens inventaram o casamento para poder imaginá-lo.

O livro do erudito alemão tem por subtítulo "Improvisadas criações espontâneas". Trata-se, com efeito, de criações poéticas espontâneas. Não retrocedamos diante da qualificação de poesia para essa atividade humilde e cotidiana, pois a poesia não é mais que uma determinada operação de modificação do código cotidiano. Às vezes se opera não uma reprodução do que existe na realidade, mas, falando estritamente, uma criação de sentido. Deve-se estar tão distante da mulher quanto um positivista lógico para imaginar que a linguagem tem por função essencial a descrição exata da realidade. É por uma operação muito particular, e além disso recente, que se pode inovar e introduzir na esfera da linguagem instrumentos que, espera-se, serão capazes de descrever exatamente a realidade. Mas a linguagem-objeto, como se exprime Bertrand Russell, por exemplo, a linguagem com a qual se pode dizer simplesmente "*tem queijo na despensa*", é uma região completamente especial e artificial na esfera geral da linguagem.

O aspecto mais notável, talvez, do *piropo*, com seu caráter indireto, é que não vacila em fazer o sem-sentido entrar em cena com relação à significação, e que esse sem-sentido, curiosamente, atrai significações muito mais simples e viçosas do que as que a pura e simples descrição poderia proporcionar. Esse é um paradoxo com o qual se devem familiarizar: o sem-sentido é precisamente criador de significação. Por exemplo, tomemos esse sem-sentido hiperbólico no qual o *piropeador* não se contenta em comparar os peitos de uma mulher com limões, dois limões, mas lhe diz – na recompilação do erudito Beinhauer: *Tiene usted más limones que el camino de la Caleta.* (A senhora tem mais limões que o caminho da Enseada.) Pois bem, esse sem-sentido, esse absurdo que não descreve nada de objetivo, é no entanto especialmente evocador e criador de significações, para além dos sentidos admitidos. Há pois no *piropo*, como em toda argúcia, um jogo que, por um lado, implica o tesouro (é um termo de Lacan), o tesouro das ideias admitidas e das expressões admitidas na língua, e, por outro, a infração na qual o sujeito se coloca com relação a esse Outro, a esse grande Outro da linguagem, cujo aval pede ao mesmo tempo.

É o que assinala esse erudito, que não é lacaniano: *nenhum "piropeador" cria a partir do nada, o elemento principal de sua arte se assenta no manuseio gráfico e oportuno de um rico caudal de temas poéticos, patrimônio de todos.*

O que revela a expressão *patrimônio de todos* é precisamente um dos valores do grande Outro, no sentido de Lacan.

Esse grande Outro é também o Outro da Lei, o Outro, pode-se dizer, da decência, na medida em que a decência é feita de proibições e inibições. Por isso, é também o que Freud tentou deslindar, chamando-o supereu, que deve ser situado fundamentalmente no nível da linguagem, e se há uma herança ontogenética, filogenética, no supereu, é, em primeiro lugar, a herança da língua. O *piropeador*, esse homem infeliz que sempre vê passar diante dele a mulher desconhecida, a quem tenta deter por um instante, o tempo exato para que admita que ele existe; o *piropeador* é homem na medida em que não renuncia a se fazer ouvir pelo Outro encarnado na mulher.

Evidentemente, é necessário engenho, o que Baltazar Gracián, em sua linguagem, chamava de argúcia. Aconselharia aqui, aos que queiram penetrar mais profundamente na teoria de Lacan e na ideia freudiana da psicanálise, a ler primeiro o pequeno livro de Freud sobre *O chiste e suas relações com o inconsciente* – texto esquecido pelos psicanalistas até Lacan o comentar –, e recolher, na soberba tradição literária da língua espanhola, toda a literatura do gongorismo, e em particular o soberbo tratado de Gracián sobre a argúcia.

Há um êxito, uma felicidade própria da argúcia, pois em uma centelha se vê vacilar a ordem linguística, e o sem-sentido é descoberto, em um instante, como capaz de fazer vacilar as significações mais estabelecidas, as significações da lei, que não é somente, que não é em primeiro lugar uma lei política, mas que também pode sê-lo. Temos aqui um poder subversivo que vai além do estabelecimento de uma nova ordem. Comprovem que na argúcia, como também no lapso, o sujeito é sobrepassado por sua criação. No sentido de Freud, o lapso e a argúcia têm a mesma estrutura; muitas vezes, é só o acolhimento do Outro que transforma um lapso em argúcia, em chiste. Há uma zona completamente indecisa, que tange sobretudo à direção e à recepção do outro. Nesse sentido, Lacan pode dizer que – na comunicação humana – é o receptor que envia a mensagem a quem depois a emitirá. Envia-a porque decide fundamentalmente sobre seu sentido. Falar ao outro não implica, de modo algum, saber o que se diz. Somente o Outro é quem pode ensiná-lo a nós, e por isso falamos uns aos outros. Nem sempre para nos comunicarmos informações essenciais, mas para aprender do Outro quem somos. E quando o blá-blá-blá cotidiano não chega, vamos procurar um psicanalista que, mesmo quando fica calado, nos presenteia a esperança de aprendermos quem somos.

Uma tese de Lacan – à qual espero tê-los acostumado um pouco – é que o significante e o significado não são paralelos, não são homólogos, não são isomorfos.

Em segundo lugar, que é um equívoco pensar que o significante está aí a serviço do significado, e que está aí para que a gente possa dizer as coisas que tem em mente, tal como se quer dizê-las. Sempre há um intervalo entre falar e querer dizer. A tese de

Lacan é que o significado é um efeito do significante, e que os efeitos de significado são criados pelas permutações, os jogos do significante. O sentido surge, fundamentalmente, da substituição de um significante por outro.

Tentarei escrever-lhes no quadro-negro a pequena fórmula que Lacan emprega, às vezes, para dizê-lo: $F \frac{S_1}{S_2} S(+)s$, com a qual se deve entender que é da substituição de um significante S_1, com referência a um significante S_2, que surge o mais (+), o qual deve ser entendido aqui como um surgimento por cima da barra, como surge o que aqui designamos como o significado ou sentido. Se vocês lerem o pequeno livro de Beinhauer, verão que isso é o que ele explica ao seu modo, sem ser lacaniano, porque toma a linguagem pelo viés adequado. Esse surgimento de um sentido novo exige, efetivamente, que se perceba o momento oportuno, e nisso o *piropeador* é excelente: em se apoderar, dado o caso – deve-se entender "caso" segundo a sua raiz, "caso" é o que cai –, do que pode dar, em sua queda, tanto um lapso quanto uma centelha de argúcia.

De que é feita a língua? A língua, quando se segue o que diz a etimologia, a língua é feita só de argúcias. A língua é uma acumulação aluvial de argúcias. Sobre isso, abram qualquer dicionário etimológico e notarão que o significado nunca deixa de deslizar com relação ao significante. Alguém que ensinou durante muito tempo, creio, nesta universidade, que é inclusive uma de suas glórias, e que devo dizer que há três dias me vem encantando, refiro-me a Angel Rosenblat, cuja recompilação de quatro tomos chamada *Buenas y malas palabras en el castellano de Venezuela* (Boas palavras e palavrões no castelhano da Venezuela) encontrei ao chegar a Caracas, na qual deparei com um sentimento profundo da língua que aqui, brevemente, e com recursos que não são os de um etimologista, tento comunicar-lhes. A língua não é, de modo algum, o que se tentou fazer com o esperanto. O esperanto baseia-se na ideia de que a linguagem se apoia em uma correlação unívoca entre o significante e o significado. Por isso é uma língua que ninguém tem vontade de falar. Vocês veem, ao mesmo tempo, que é abusivo falar de uma linguagem animal. O que distingue fundamentalmente a linguagem animal da linguagem humana é que a chamada linguagem animal nunca é equívoca, ao passo que essa equivocação é constitutiva tanto da língua espanhola quanto da língua francesa, e de todas as línguas em que um povo condensa as experiências individuais, pode-se dizer, que lhe interessaram. É uma ideia difícil, mas com a qual queria familiarizá-los, que todas as palavras, todas as expressões, todos os idiotismos de uma língua surgiram de uma experiência subjetiva. Li nas obras de Rosenblat, com agrado, que ele também tem essa impressão. Há um artigo seu muito bonito sobre o nome da Venezuela, e – mesmo que seja uma ficção é uma ficção muito bonita – foi a saudade da Europa perdida o que deu origem ao nome Venezuela – pequena Veneza. Ou também: qual de vocês sabe a origem do vale[10] que faz a escansão do chamado ao Outro no castelhano da Venezuela? Pois bem, no fundo, nos quatro tomos de Rosenblat se veem todos esses estratos, todas as alusões, dados de uma língua realmente notável por sua vitalidade. Para um positivista lógico, há sempre palavras demais na língua, mas a língua, precisamente, é feita sempre de uma pletora. Há sempre palavras demais na língua, e ao mesmo tempo, singularmente, elas nunca são suficientes para dizer o que se quer dizer.

Rosenblat, por exemplo, distingue três vetores de criação linguística na Venezuela: um primeiro vetor que se chama o machismo, o terceiro, que chama de o jogo, e o do meio, o alvoroço. Assim, de forma magnífica, se desenrola uma redundância extraordinária que aparece para o teórico da informação, fundamentalmente, como uma atividade luxuosa, uma atividade excessiva, e é precisamente nesse excesso que se aloja o gozo da língua. Em 1950, diz ele, haviam se reunido umas trinta expressões para nomear a desordem, e há pouco tempo, diz, encontramos mais umas quarenta: *berrinche, bojote, guarandinga*. Prossigo, mas estou fascinado, deslumbrado justamente por esse *zaperoco* da língua.

O francês é, talvez, um pouco inferior ao espanhol nesse ponto. Poderia citar-lhes aqui estudos sobre o *argot* francês, em que a criação linguística com base na homofonia é rica também. Tenho toda uma lista de palavras do *argot* popular francês a partir da raíz *go*, e isso, afinal, pode comparar-se com o que se lê em Rosenblat.

De maneira que o que se denomina, com uma palavra que não lhe serve, código da língua – não lhe serve porque não há qualquer correlação unívoca entre um significante e um significado –, o que se chama de código é toda uma acumulação de formações significantes em sua função de criação de significado. Só há algo novo no significado quando há algo novo no significante. Aqui, quem nos informa não são os especialistas da comunicação, são os escritores, os poetas, e também os poetas espontâneos, que são tanto as pessoas que fazem *piropos* quanto os analisantes, os que fazem sua análise quando não são impedidos, em nome de uma teoria preestabelecida, de dar livre curso a essas invenções significantes que, me atreveria a dizer, são a única coisa capaz de curar. Em uma língua é todo um povo que tenta apreender o seu próprio gozo. Pode-se, por acaso, falar da vida da linguagem? Nesse termo, vida, costumam deter-se habitualmente os filósofos; não é seguro: há transformação, é verdade. Mas não devemos esquecer que o que a linguagem veicula é, fundamentalmente, a morte. Sem a linguagem, como poderíamos antecipar o que nos distingue de todos os animais, de todos os seres vivos – a saber, que somos mortais? Deve fazer-se aqui uma articulação entre o gozo desesperado da língua e o saber que ela nos permite: que somos mortais.

É evidente que há coisas comuns entre o homem e o animal, mas não esta, precisamente. Isso traça, de qualquer modo, os limites da psicologia e, por inteligente que seja, o rato de Skinner não tem setenta expressões para nomear a desordem.

Fundamentalmente, o significante é que cava seu sulco no real e engendra o significado. O original é a substituição significante. Basta uma palavra no lugar de outra para que tenhamos sentido, é o que dizem muito bem Unamuno, por exemplo, ou Azorín, que se não se criam novas palavras, se a gente se limita ao purismo, pois bem – não há por que pensar que teremos palavras novas. Lacan é, com certeza, um grande criador de palavras novas, um grande criador de significantes. Isso constitui, no primeiro momento, a dificuldade de sua linguagem, mas é também o que permite que esse discurso persevere há trinta anos sem ainda se ter banalizado, resistindo à integração no Outro das ideias preestabelecidas.

Evidentemente, na medida em que se o expõe, como aqui, em que se trata de fazer com que seja compreendido, como eu o faço, trabalha-se ao mesmo tempo para reabsorvê-lo progressivamente ao Outro das ideias estabelecidas. Mas esse é o caminho de todas as coisas neste mundo. O sujeito que fala não é amo e senhor do que diz. Na medida em que fala, em que pensa que utiliza a língua, é a língua que, na realidade, o utiliza: na medida em que fala, diz sempre mais do que quer e, ao mesmo tempo, diz sempre outra coisa. Por isso, a metáfora e a metonímia não deixam de se entrecruzar no discurso, e quando falamos somos sempre levados além de nós mesmos. É até muito ofensivo para alguém tomá-lo ao pé da letra, porque deve ser entendido sempre além do que diz, pois o sentido sempre jaz além, está além. Quando o *piropeador* diz *Oh, madre!* [Oh, mamãe!], o sentido também está em outro lugar, mas, evidentemente, entra no jogo. Na medida em que queremos dizer algo – e os professores sempre querem dizer algo –, na medida em que se quer dizer algo, se produzem incidentes, as coisas nunca vão bem. Por isso, é melhor não ser um professor sério demais;

quando se é um professor sério demais, termina-se provocando riso. Por isso é melhor ter um pouco de humor, o humor próprio do significante.

Na medida em que se fala, somos de fato falados pela língua. A descoberta do inconsciente por Freud não é outra coisa senão isso. Quando o psicanalista convida o sujeito a falar, o sujeito se descobre imediatamente, ele próprio, falado pela língua, como esteve desde sempre. Seria bom notarmos que a diferença entre o homem e o animal é que o homem é um ser falante. Isso já seria bom porque evitaria extrapolar, para a individualidade humana, os resultados obtidos na psicologia animal. Evitaria também, talvez, pensar que só se é científico quando se consegue obter do homem resultados comparáveis aos que se obtêm do animal. Claro que há funções que se prestam à comparação. Mas se se evitam essas diferenças é porque se pensa que a linguagem é uma propriedade entre outras, propriedade secundária; já a descoberta da psicanálise é de que a linguagem transforma o indivíduo humano até em seu corpo, no mais profundo de si mesmo, transforma suas necessidades, transforma seus afetos. Também é possível, evidentemente, transformar os animais através da linguagem; segundo esse ponto de vista, todos os animais de laboratório são loucos, bem como os animais domésticos – todos são um pouco neuróticos porque estão em nosso banho de linguagem. Não é uma tese, me parece, que Konrad Lorenz, por exemplo, negaria; ele admite perfeitamente essa diferença fundamental entre o animal doméstico e o animal selvagem. A domesticação é uma domesticação mediante a nossa linguagem, o adestramento é isso. Nós estamos adestrados desde a origem, por isso obedecemos tão bem durante toda a nossa vida, e nos situamos nos lugares em que nos esperam. Por isso somos capazes de passar horas falando com outros ou escutando os outros falarem. Seria bom, pois, notarmos que o homem é um ser falante. Mais um pequeno passo deve ser dado:

notarmos que o homem é também um ser falado; por isso Lacan criou este significante que passará, talvez, à língua francesa. Vou escrevê-lo no quadro-negro: *parlêtre* – o falante ser –, mas não é tão bonito em espanhol quanto em francês, haveria que buscar, na língua espanhola, como batizar autenticamente esse valor. De modo que o falante ser diz sempre algo diferente do que quer dizer; solicita ser entendido, ao mesmo tempo, além do que diz. O ofício próprio do psicanalista é escutar o sujeito além do que diz. Isso é o que se chama interpretação. Consiste em escutar o sujeito não no que ele crê dizer, por exemplo, de racional, mas sim no desejo que flui através do significante que emite. O trágico no *piropo*, afinal, é que pode, em seu limite, reduzir-se à interpelação do Outro, a um simples vocativo. É a tentativa, profundamente desesperada, de obter um contato com o objeto de desejo, essa mulher qualquer e, por isso mesmo, absoluta. O *piropo* é, talvez, simplesmente dizer: *Olé!*, ou: *Menina!* Não pode ser mais pobre que isso e, no entanto, é poético nessa situação. Até mesmo encontrei um, nessa recompilação, que é mais reduzido ainda, e que é enternecedor porque, ao mesmo tempo, é uma forma de suprir a falta que separa o sujeito do Outro, e ao mesmo tempo isso o faz vibrar. Trata-se, ao que parece, de um jovem sevilhano que sempre vê passar essa mulher diferente pela rua, e, como ela é desconhecida, pode-se dizer que é sempre a mesma; ele a vê passar e exclama simplesmente, com um acento, diz o livro, entre suave e profundo: *Ai!* Em sua brevidade, sente-se ao mesmo tempo que estão mobilizadas todas as significações mais profundas da existência. De uma só vez, temos nele o absurdo de Camus, o trágico de Racine, o desespero existencialista. Tudo está nesse significante, que era simplesmente um suspiro, muito difícil, decerto, de ser produzido por um francês, porque essa onomatopeia, como todas as onomatopeias, se sustenta na matriz da língua espanhola. Uma onomatopeia passada de uma língua para outra é muito diferente;

em francês se diria algo como *Oh, lala!*, que é claramente diferente do *Ai!*. Isso lhes mostra que cada língua efetivamente elabora, até nos sons que somos capazes de emitir, sua particularidade. Comprovou-se, de forma satisfatória para os psicólogos – quero dizer que se observou –, que a capacidade vocal da criança bem pequena é muito extensa e, poucos meses depois, suas entoações assumem o estilo próprio de sua língua. O que, entre parênteses, nos mostra que a captura que a linguagem faz do ser humano começa muito antes do que imaginamos.

O descobrimento inicial de Freud, o descobrimento que cava um sulco inesquecível, é que integrou à consideração científica, integrou à linguagem, os esquecimentos; todos os fenômenos negativos do sentido, acrescentou-os ao sentido – não achou que tivesse que tomar como modelo, para raciocinar sobre a linguagem, um acadêmico ao dar uma aula. Pensou que o que mais dizia, o que mais sentido tinha para o sujeito, eram precisamente os momentos em que seu discurso podia desfalecer, desfazer-se, cair, e onde algo podia ser um erro, uma falta, um esquecimento; restabeleceu a positividade desse negativo.

Eu gosto muito dos positivistas, até diria que, sobretudo, os leio – e os levo muito a sério quando são sérios, mas não quando não o são, quer dizer, quando imaginam estar ensinando-nos qual é a essência da linguagem. Desse modo, só levo Chomsky moderadamente a sério; mesmo que a linguística transformacional tenha terminado recobrindo o planeta. O que diferencia essa linguística da de Jakobson é que Jakobson se interessava pelos poetas. Estou convencido, inclusive, de que se interessaria pelo *piropo*. Com Chomsky, direi entre parênteses que agora – como se sabe – é um filósofo, converteu-se em um filósofo idealista que repete Descartes de maneira muito divertida. Veio este ano a Paris jogar esse jogo e, com todo o respeito que se deve ao seu descobrimento, era bastante divertido desse ponto de vista. No fundo, Chomsky não escondeu seu jogo: o que lhe interessa, o que estabelece no fundamento da linguística, é o locutor-ouvinte ideal. Quer dizer, o locutor-ouvinte ideal, alguém que é pura ficção, que pertence a uma comunidade linguística perfeitamente homogênea, e que conhece, sem qualquer vacilação, seu idioma. Teria que ser visto até que ponto essa ideia de um saber completo da língua é uma ficção. Estou convencido de que há pessoas aqui que falam muito bem o espanhol da Venezuela sem terem dedicado o tempo merecido à leitura das obras de Rosenblat. Então, o locutor de Chomsky é também um locutor que nunca tem distrações, que nunca tem desvios de atenção; cito aqui, exatamente, seu livro *Aspectos da teoria da sintaxe*. No fundo, tudo está dito ao se dizer, em uma só palavra, locutor-ouvinte. O valor do *piropo*, pelo contrário, é o de nos mostrar que a linguagem, em sua forma excelsa, se produz precisamente na separação entre locutor e ouvinte. O que fala e o que escuta são o mesmo em Chomsky. Isso permite, indiscutivelmente, uma linguística que utiliza computadores, não é a linguística da linguagem na qual um homem fala a uma mulher. Está claro, certamente, que o Outro de Chomsky, o Outro ideal, o Outro do qual trata de aproximar o homem e a mulher ao mesmo tempo, é o computador. Quer dizer, é uma linguística – seja qual for sua cientificidade – que supõe a exclusão da relação sexual. A operação analítica, pelo contrário, consiste com certeza em reintroduzi-la no centro. Direi que o que se chama de transferência, na experiência analítica, é uma espécie de *piropo* do analisante ao analista. E se é muito importante que esse amor, esse amor sem dúvida autêntico, fique suspenso, pois bem: é para ressuscitar todo o discurso de amor que um ser humano nunca cessa de dirigir ao Outro, desde que chega ao mundo. No fundo, o locutor-ouvinte ideal de Chomsky é o que Lacan chama, em outro lugar, sujeito suposto saber, o sujeito suposto saber completamente a língua, o sujeito suposto saber completamente o que diz; e esse personagem único, invariável, impecável com que se sonha, não existe.

Então, ganhar-se-ia algo na consideração científica da linguagem se se partisse disto, que Lacan formula com simplicidade, e que é uma espécie de verdade primeira – precisa-se de certo tempo para dizê-lo, mas é uma verdade primeira –, que o mal-entendido é a essência da comunicação. O erro de certo número de ciências, que são legitimamente ciências, é, porém, imaginar que o bem-entendido é a essência da comunicação. É agora uma tradição, na consideração lógica da linguagem, que é muito diferente da lógica matemática, é uma tradição imaginar que a linguagem tem por função apreender, de forma exata, uma referência. Digo que é completamente diferente da lógica matemática porque esta é uma ciência muito interessante, respeitável, que Lacan trata de utilizar para estruturar os termos da experiência analítica. Mas os lógicos, pelo menos alguns, saem de bom grado de sua disciplina, dos limites de seu campo, para ampliá-lo à consideração geral da linguagem. E em Paris também, no ano passado, tivermos a visita do sr. Quine, que é, vocês sabem, o mais importante filósofo norte-americano, apesar de Chomsky o seguir muito de perto. Então Quine, que fez excelentes exposições da lógica proposicional e da lógica da quantificação – encanta-me ler o que escreve nesse campo –, imaginou projetar isso para nos descrever a gênese da linguagem na criança, que seguiria milagrosamente seu tratado de lógica. Então, assim como se pode admirar seu tratado de lógica quando se trata de ensinar para estudantes, do mesmo modo me parece uma fantasmagoria imaginar que o desenvolvimento real da linguagem da criança segue os títulos dos capítulos e os parágrafos da sua lógica proposicional. Devo dizer que é uma projeção, uma ilusão da qual Piaget, a seu modo, deu o primeiro exemplo. Enquanto essa lógica é um produto cultural muito elaborado e muito recente, é necessário um esforço absolutamente não científico para pensar em descobrir seu nascimento na pobre criança, que não pode defender-se. Quanto à referência, todo o problema da linguagem é este: nunca se consegue designá-la; na medida em que se quer designar uma referência, fica-se capturado entre metáfora e metonímia, as referências se deslocam. Quine criticou muito bem, certamente, o que seria o nível último da indicação, ou seja, mostra-se algo e se diz: *isso*. Que estou designando? A mesa? Sua cor? A pessoa que está sentada nela? O papel? Mesmo na indicação, fica difícil saber qual é a referência, e quando se utiliza a linguagem a referência não se esvaece menos. Pois bem; estritamente falando, não há uma palavra adequada para dizer algo, e é sempre em relação a outros significantes que a gente formula alguma coisa. Por isso, a matriz mínima da linguagem, tal como Lacan a escreve, é um significante e depois outro. O mínimo do significante são dois, S_1 e S_2, o que se chama, na teoria dos conjuntos, par ordenado. O engraçado é que, em seus bons momentos, Quine também o sabe, e em algum lugar diz muito bem que, finalmente, quando se tenta definir alguma coisa, sempre se a define através de outra coisa; não percebe que, ao dizer isso, está evocando precisamente o deslocamento essencial do significante; diz muito bem: a resposta geral à pergunta o que é um *A é sempre que é um B*. Essa é uma espécie de argúcia do lógico, que poderia estar assinada por Lacan. A linguagem-objeto é uma ilusão. Não há linguagem, estritamente falando, que se produza sem que o efeito de sujeito não esteja sempre já-aí. Da mesma forma, Lacan diz: *não há metalinguagem*. Há, com certeza, metalinguagens lógicas etc. Pode-se sempre fazer funcionar uma língua com relação a outra como uma metalinguagem. Mas, definitivamente, há algo que não se pode sobrepassar, mesmo quando se fazem linguagens formais: é a língua chamada materna, a língua dita vulgar, que é sempre necessária para introduzir os significantes formais, até os mais sofisticados. Aí há um limite insuperável, e encontrei uma citação de um grande matemático francês do princípio do século, chamado Émile Borel, o qual fez um livro sobre a teoria das funções que marcou época na ciência. Dizia: os *pretensos sistemas inteiramente lógicos repousam sempre sobre os postulados da língua vulgar. Essa linguagem comum a milhões de homens e com a qual se entendem mais ou menos entre si* (vejam que Borel não estava longe de saber que o mal-entendido é a essência da comunicação), *essa linguagem comum nos é dada como um fato que implicaria um grande número de círculos viciosos se houvesse que criá-la "ex-nibilo"*. Creio que a citação tem seu peso por ser de alguém que, precisamente, era um grande matemático.

Se me agradou, e se me arrisquei a lhes falar um pouco do *piropo*, é porque essa situação me parece exemplar pela separação que o sujeito que fala mantém com o Outro, o Outro que está aí fundamentalmente fora de alcance, que está aí perdido. Destaca essa separação dos sexos que nenhuma relação sexual pode jamais preencher; e destaca que a linguagem vem ocupar, em sua função de criação espontânea ou poética, o lugar mesmo em que essa separação surge. Por isso, Lacan formula uma proposição, que lhes pode parecer difícil, mas da qual o *piropo* lhes oferece uma imagem. Lacan formula: *não há relação-proporção sexual* – espero que o tradutor haja encontrado uma palavra que não seja relação, *rapport*. Com efeito, relações sexuais, existem as que queiram, mas o que falta é uma relação fixa e invariável, como uma proporção entre um sexo e o outro sobre os trilhos do instinto, como se observa no animal quando não se o tornou excessivamente louco. Não há relação sexual, proporção sexual, no nível do significante. No último número da revista *Ornicar?*, eu dava como exemplo da relação sexual os costumes dos caranguejos, em que o macho da espécie possui uma enorme pinça, muito maior que a outra, e mais gorda que ele mesmo, atrás da qual pode esconder-se, e com essa pinça faz movimentos (o movimento é diferente segundo a espécie de caranguejo de que se trate). Darwin interessou-se muito por isso, quando os observou. Pensou que, sem dúvida, as fêmeas de caranguejo se precipitariam sobre o macho que tivesse a maior pinça. Afinal descobriu que, de fato, a fêmea identificava o caranguejo de sua espécie pelo tipo de signo que fazia com sua pinça. Dito de outro modo, temos aí uma relação sexual invariável, semafórica, e não se cessa de tentar obter, nos humanos, uma relação sexual desse tipo, mas é em vão. Faz-se um monte de discursos para tentar ordenar o que precisamente se descobre: a desordem fundamental da criação humana. Isso desde sempre ocupou os homens; Dionísio de Halicarnasso, por exemplo, dizia: *os homens sempre tentaram ordenar aquilo pelo qual as crianças vêm ao mundo.* Mas no animal isso, precisamente, já está sempre em ordem, enquanto nós necessitamos de criações mais ou menos bem-sucedidas, sempre, para simular a relação sexual que não existe. Por isso, particularmente, precisamos de igrejas, que ocupam esse lugar, esse lugar de carência. E se a igreja tem essa força, essa resistência no mundo moderno, é porque sabe, talvez, ser dócil à estrutura, conhece a estrutura, em certos casos a utiliza. Quando consegue moderar, ao mesmo tempo em que a suscita, a culpabilidade sexual, é porque compreendeu bem, há muito tempo, os lineamentos do inconsciente, certamente para fazer uma coisa diferente da psicanálise. Freud dizia: há duas coisas que ameaçam a psicanálise, porque infalivelmente esta os atrairá – são os médicos e os sacerdotes.

A mulher à qual o *piropeador* se dirige é evidentemente uma ficção, é todas as mulheres em uma só, e todas as mulheres em uma – isso não existe. Todos os homens em um só, isso pode existir; em todo caso, é o que, para Lacan, se comprova na psicanálise. Mas, todas as mulheres, é esse sonho fundamental, só existe como ficção. Essa mulher tem, para o *piropeador*, o valor exato de sua própria castração, tem o valor emblemático de um falo, que sempre está, em si mesmo, fundamentalmente perdido. Essa é a nova da psicanálise, e não se pode dizer que seja uma boa nova, não é um Evangelho. A psicanálise não promete nenhuma harmonia, não promete nenhum sucesso, nenhum êxito, não promete preencher uma falta, uma carência que, pelo contrário, está na estrutura. É por isso que o *piropo*, através de seus maiores elogios, é também uma agressão, uma agressão às vezes hiperbólica; a alocução afetada que dirige à mulher é também correlativa à destituição de sua condição. Por isso se pode formular como uma ofensa, e também por isso há, entre o elogio e a ofensa, uma zona indecisa. Penso naquele *piropo*, dessa recompilação, no qual o *piropeador* diz à *piropeada*: "Ladra." Aí encontramos algo que está, evidentemente, entre a injúria e o elogio. Também o vemos nos *piropos* que só repousam na desintegração do corpo da mulher, nos quais o elogio de partes especiais de seu corpo, levadas a um valor simbólico, supõe que não se dirige a uma pessoa e sim ao valor fetichista de partes de sua pessoa. Nesse sentido, temos que admitir que a sexualidade humana, diferentemente da dos ratos (quando os deixam tranquilos), a sexualidade humana é fundamentalmente perversa.

3. Elementos de epistemologia

Esta é a última das três conferências que fui convidado a pronunciar.

Em minha primeira conferência neste lugar, introduzi-os na obra e no estilo de Jacques Lacan e – mesmo que só tenha exposto, por falta de tempo, a metade do que tinha para lhes dizer – penso ter conseguido transmitir-lhes uma ideia dos princípios teóricos cujo desenvolvimento prossegue há trinta anos, ininterrupto.

Em minha segunda conferência, tentei usar como paradigma o exemplo do *piropo*, que improvisei para vocês com o fito de lhes transmitir algumas verdades primeiras, e no entanto desconhecidas, sobre a linguagem, e em particular sobre sua função na separação sexual, no desvanecimento da referência, no mal-entendido da comunicação.

Vou dedicar esta terceira conferência ao tema da ciência, e mais precisamente a responder, no que puder, ao professor Cadenas, a convite de quem devo a minha presença aqui – já lhe agradeci e aproveito para agradecer-lhe novamente – e cuja reação, depois da minha última exposição, foi formular que, do jeito que eu a apresentava, a teoria lacaniana parecia concluir com a impossibilidade do conhecimento. Muito bem. Afinal, a impossibilidade do conhecimento não me assusta, pois o conhecimento não é a ciência. A diferença entre ciência e conhecimento me parece fundamental na epistemologia de Lacan, aceitável muito além do campo da psicanálise, como se diz.

Por comodidade, dividirei esta conferência em dez pontos, que percorrerei sucessivamente, e isso já lhes mostra que ela terá outro estilo, outro tom, diferente do da anterior.

1. Creio que se pode formular que a teoria do conhecimento sempre teve, na história do pensamento, um ideal, formulado de diferentes maneiras: o da união entre sujeito e objeto. Mais precisamente, a clássica teoria do conhecimento supõe uma conaturalidade entre o sujeito e o objeto, uma harmonia preestabelecida entre o sujeito que conhece e o objeto conhecido. A teoria do conhecimento comentou sempre o milagre da adequação do conhecimento, guardando o lugar de uma coisa em si, como diria Kant, incognoscível.

A ciência distingue-se do conhecimento, desde o começo, mesmo que seja só pelo fato de construir seu objeto. Esse princípio, notem, não é especificamente lacaniano. É também o princípio de Bachelard, por exemplo, para quem o objeto e o instrumento científico são uma teoria encarnada, essa é sua expressão. Assinalarei, de passagem, que ocorre o mesmo com o inconsciente freudiano; na medida em que é apreendido no dispositivo novo de sua prática, também ele realiza uma teoria. Que teoria? Essa é toda a questão. Este é um primeiro ponto, muito rápido, que pode prestar-se à discussão, e direi que não é especificamente lacaniano.

2. O segundo ponto é mais preciso. Então, segundo ponto. Convém advertir que todo conhecimento é fundamentalmente ilusório e mítico, na medida em que não faz outra coisa senão comentar a "proporção sexual". Toda teoria do conhecimento tem conotações sexuais. Se querem exemplos, pensem só na complementaridade em Aristóteles entre a forma e a matéria. Podem pensar também nessa forma de conhecimento tão elaborada que é a astronomia chinesa antiga, a qual, em seu conjunto, é um discurso sobre o macho e a fêmea que ordena não somente os céus, mas a sociedade toda. É um dos exemplos que Lacan usa em seu seminário sobre *Os quatro conceitos fundamentais da psicanálise*. Além disso, podem pensar na teoria da flogística, tão presente nos séculos XVII e XVIII, antes da emergência da química científica. Direi, já que não posso me estender sobre todos os exemplos históricos, que o conhecimento, na medida em que se distingue da ciência, canta indefinidamente a boda imaginária do princípio macho com o princípio fêmea. Não creio que seja uma generalização abusiva formular que as "formas primitivas" do conhecimento são todas eróticas. Em última instância, elas até se confundem com as técnicas sexuais. Por isso a tese de Lacan, que pareceu um pouco abrupta, surpreendente, tal como a apresentei, de que a mulher não existe, é certamente uma tese fundamental também para a epistemologia. Pois afinal esse objeto que se quer complementar ao sujeito, na teoria do conhecimento, é também uma forma de domesticar a mulher. A ciência, estritamente falando – quero dizer a que nasceu como física-matemática a partir do século XVII, e também a matemática, que nasceu muito antes, defasagem essa que é um dos grandes problemas da história da ciência, o intervalo entre o nascimento da matemática e o nascimento da física-matemática –, a ciência, então, nesse sentido estrito, supõe, pelo contrário, que não há conaturalidade entre sujeito e objeto, que não há tropismo sexual natural no homem, que não há qualquer estesia do sexo oposto. Isso, por outro lado, é o que demonstra essa estrutura fundamental da psicanálise, essa estrutura pela qual Freud foi introduzido em sua prática, a saber, a histeria, e, entre parênteses, é certamente uma das teses mais surpreendentes da epistemologia de Lacan – que eu talvez não tenha tempo de desenvolver aqui – que a estrutura do discurso da ciência não deixa de ter relação com a estrutura do discurso da histeria. Nisso, a proposição lacaniana de que não há relação sexual (*ratio*) pode ser considerada uma condição, de certa forma secreta, da emergência do discurso da ciência. De certo modo, os homens que elaboraram o discurso da ciência no século XVII devem ter estabelecido, de alguma forma, por algum lado, a proposição de que não há relação sexual.

Os que conhecem os textos do Renascimento e aqueles que perduram dos séculos XVII e XVIII, de todos esses astrólogos, astrônomos, filósofos, sabem que corte no estilo, no próprio enfoque dos problemas, se observa. Poderíamos dizer, a respeito disso, que o enfoque científico supõe uma dessexualização da abordagem do mundo e, para empregar uma expressão filosófica, uma dessexualização do ser-no-mundo. A psicanálise não é, de modo algum, um pansexualismo. O pansexualismo é, por exemplo, a teoria de Shopenhauer, que é construída colocando em seu princípio a vida, e mais precisamente o instinto sexual, que animaria toda a natureza e todas as criações humanas. Freud, talvez desajeitadamente, mas de forma muito significativa, introduziu a paradoxal expressão instinto de morte, e descobriu – por intermédio da histeria – que o Outro sexo, com um grande A, o grande A da exterioridade, o outro sexo é o A (Outro sexo). Aqui me contento em aludir aos trabalhos de epistemólogos. Penso que os que os conhecem poderão julgar a pertinência ou não deste resumo.

3. Terceiro ponto: podemos perguntar-nos o que gera a ilusão pansexualista, ilusão que, digamos, cai com a emergência do discurso da ciência, mas não antes; é algo, nesse sentido, recente. O que gera a ilusão pansexualista, me parece, é que toda significação, enquanto imaginária, é fundamentalmente sexual. Tudo que se diz e faz sentido termina sempre revelando que só aponta a uma significação única que ocupa o lugar da referência, referência essa que não existe na linguagem natural, na língua materna, a língua vulgar, e essa significação, que ocupa o lugar da referência que falta, é fundamentalmente fálica. É isso que dá seu interesse e seu valor a esse exercício de discurso tão antigo que se chama comédia, que consiste sempre em fazer rir ao revelar o objeto imaginário que todos os discursos rodeiam, a cuja direção tendem – a saber, o falo. Há um artigo de Lacan a esse respeito, que foi pronunciado na Alemanha nos anos 1950, e que se chama *A significação do falo*. De fato, deve-se entender que o falo é a significação, a *Bedeutung* fundamental; pode parecer uma ideia um tanto excessiva, mas nem tanto quando se pensa que alguém como Frege, que está na fonte, na origem da lógica-matemática, havia formulado a teoria de que tudo o que se diz pode distribuir-se em duas classes: a classe das expressões que têm como referência o verdadeiro e a classe das expressões que têm o falso como referência. Ele imaginava que a linguagem tinha como referência os objetos cotidianos. Pois bem, a simplificação que Lacan traz a essa formulação é a de dizer que a referência única é a significação do falo. Há um discurso que escapa a essa maldição - que também pode ser chamada, decerto, de bem-dição -, mas em todo caso é uma lei de dicção, que o falo está sempre aí, e isso se revela de forma pertinente no lapso ou na argúcia - poder-se-ia dizer: busquem o falo, nunca está muito longe.

Há, no entanto, todo um discurso que escapa dessa lei da dicção, que é o discurso da ciência. Mas é precisamente, prestem atenção, porque esse discurso só se constitui a partir da extinção da significação, a partir da construção de redes sistemáticas de elementos em si mesmos desprovidos de significação, mas coerentes entre si. Essa é uma tese que pode ser discutida - não exige conhecer-se em detalhe toda a fraseologia lacaniana -, a de que a ciência supõe a extinção da significação. É um erro crer que a medida é constitutiva da ciência. Matematização não quer dizer medição, e o que testemunha isso, entre outras coisas, é a topologia. A topologia é uma geometria sem medição, em que não se trata das distâncias, dos distanciamentos, não temos outra coisa senão a rede sistemática do significante para suportar os objetos; os objetos não consistem, não têm outra substância senão a da própria rede significante. No início da topologia, evidentemente, representaram-se objetos; por exemplo: representou-se esse objeto singular que é a

Faixa de Moebius – é possível construí-la diante de vocês –, uma faixa que, em vez de uni-la como um cilindro, se a une depois de tê-la torcido, depois de tê-la feito girar, por sua vez, 180 graus. É um objeto curioso, pois, se a gente passa o dedo sobre a borda, o dedo aparece do outro lado da faixa de papel sem haver atravessado nenhuma fronteira. Quando a gente tem um cilindro, e passa o dedo, este fica sempre do mesmo lado, há um direito e um avesso. Na Faixa de Moebius, vocês passam diretamente do avesso ao direito em que estavam. É um objeto muito singular, que só foi descoberto em 1860, pelo matemático Moebius. É extraordinário, a gente se pergunta por que essa simples operação não tinha sido feita antes dessa data. É o primeiro objeto topológico, por outro lado, que Lacan aproveitou para fazer entender que talvez não tivéssemos que nos contentar em pensar que as coisas têm sempre um direito e um avesso, que o inconsciente está no fundo e a linguagem na superfície, mas sim, pelo contrário, que há uma relação de Faixa de Moebius que faz com que, entre o direito e o avesso, de forma científica, a correlação e a continuidade sejam pensáveis. Lacan aproveitou esses objetos surgidos no discurso da ciência, os objetos topológicos, para estruturar a experiência analítica. Não se deve crer que, por estar a experiência analítica ante fenômenos que aparecem como paradoxais ao senso comum, seja impossível torná-la científica. O que está no exterior está ao mesmo tempo no interior – não é simplesmente uma argúcia; é, por exemplo, esse objeto que se chama Garrafa de Klein, inventada pelo matemático Félix Klein pouco depois da invenção da Faixa por Moebius. A Garrafa de Klein materializa, matematicamente, essa relação do interior e do exterior que instala – se me permitem a expressão – o exterior no interior do exterior. Eu teria que dispor de mais tempo para lhes resumir os trabalhos de Lacan que situam os principais termos do discurso analítico nessas figuras topológicas. Diria que isto é só o ABC da topologia, porque esses objetos podem ser desenhados. Vocês podem ter a Faixa de Moebius frente a seus olhos. A Garrafa de Klein, não se pode vê-la em suas três dimensões, salvo de forma aproximada, mas pode-se ainda desenhá-la; depois, na topologia algébrica, já não se desenham objetos, o que se chama de objeto é uma pura criação do discurso matemático. Não teríamos, então, que usar como critério de cientificidade o que as ciências experimentais pensaram que podiam definir como sua cientificidade própria. Tenho que lhes dizer que tudo o que admitimos como disciplinas científicas na faculdade de letras – a sociologia, a psicologia –, para um matemático ou um físico resulta ser, muitas vezes, uma piada. Só digo isso para que se saiba que o conceito de ciência é mais complicado do que simplesmente tratar de ser objetivo. Como dizia Hamlet: "Há mais coisas na ciência que o que crês, Horácio."

O destino da ciência está vinculado à formalização, não à medição; está vinculado ao número na medida em que o número figura, de forma enigmática, a presença do significante no real. Já voltaremos a isso. Lacan tentou formalizar a estrutura que sustenta a fenomenologia da experiência analítica. É, evidentemente, uma estrutura complexa, pois os fenômenos que ocorrem na experiência analítica dão, à primeira vista, a impressão de que não podem estar estruturados, mas a metáfora pode estar estruturada, a metonímia pode estar estruturada, o equívoco pode estar estruturado, a função do Outro na delimitação do sentido pode estar estruturada. É uma façanha, se quiserem, essa façanha que consiste em captar, com o discurso da ciência, um campo que a ciência estava disposta a deixar ao obscurantismo, quer dizer, a deixar como refúgio dos fantasmas do conhecimento sexual. Por isso pude dizer, na minha primeira conferência, que o ensino de Lacan era um ensino crítico e epistemológico que vai contra todos os discursos obscurantistas que, na época da ciência, se refugiaram no embuste psicoterapêutico.

4. Quarto ponto. Mais uma vez vou formular uma tese que, ao que me parece, tem consistência independentemente da fraseologia lacaniana, e que submeto à apreciação dos professores e estudantes que não são especialistas em Lacan. A ciência supõe a disjunção do simbólico e do imaginário, do significante e da imagem. Lacan comentou com frequência os trabalhos do importante epistemólogo francês Alexander Koyré sobre Galileu, sobre Kepler, sobre Newton. Depois dessas referências, em um aparte, o professor Cadenas me dizia que a ciência é algo que dá lugar, por exemplo, à equação da gravidade. É esse também o exemplo com o qual Lacan se conforma. Mas a emergência das equações decisivas da teoria da gravidade exigiu - é o que assinala Lacan, baseando-se nos estudos de Koyré -, exigiu que desaparecessem todos os valores imaginários atribuídos aos movimentos dos astros. Exigiu, segundo a expressão de Lacan, a exterminação de todo simbolismo imaginário dos céus. No fundo, retomando a expressão de Bachelard que se tornou célebre, qual era o obstáculo epistemológico? Qual era o obstáculo epistemológico que tornava impossível a formulação das equações da teoria de Newton? Em Kleper, por exemplo. Kepler continuava pensando que, dada a eminente dignidade dos astros, seu valor superior, as órbitas celestes, as órbitas dos planetas deviam ter uma forma perfeita; dada essa perfeição, o movimento dos planetas não podia ser elíptico, tinha que ser circular. Essa teoria imaginária supunha o círculo mais perfeito que a elipse, daí a exigência, poder-se-ia dizer, estética, imaginária, de que o movimento dos planetas fosse circular. A esse respeito, a equação newtoniana só pôde ser formulada a partir do momento em que se renunciou a atribuir qualquer significação imaginária aos céus; em que não se pensou mais na dignidade dos planetas, em que se renunciou à exigência de perfeição para se contentar com esses pequenos símbolos que podem ser escritos em folhas de papel e que valem pela criação inteira.

Nesse sentido, a teoria científica exigiu aferrar-se ao significante enquanto separado de toda significação imaginária. O divertido, decerto, é que isso não impediu que Newton escrutasse esse livro da Bíblia que se chama livro de Daniel, e esse outro que se chama Apocalipse de São João, para tentar decifrar, no texto sagrado, o futuro da criação e o plano de Deus. Como houve muitas tentativas desse tipo na época, e é a época do nascimento do discurso da ciência, pois bem, o próprio Newton, que por um lado podia exterminar a significação celeste, buscava-a de algum modo escrutando, como um cabalista, o próprio texto da Bíblia. Isso não se encontra em Koyré, e sim em Lacan, pois ele leu o texto de Newton sobre o livro de Daniel. Tem inclusive o volume, dessa época. Tudo ocorre, então, como se a significação, que tinha sido exterminada nos céus, houvesse encontrado refúgio no texto sagrado. Newton, nesse sentido, não é o que se pensa. Há alguém que escreveu um artigo belíssimo sobre Newton, um cientista, esse sábio extraordinário que não era simplesmente um economista, lorde Keynes, que se interessou muito por Newton e, pouco depois da guerra, escreveu um artigo sobre o homem Newton em que o chamava de último dos astrólogos. Esse é o paradoxo que se situa na origem do discurso da ciência. Ao mesmo tempo em que elaborava a física-matemática, Newton estava apaixonado pela astrologia. Uma tese recente publicada pelo MIT, em 1975-76, nos fez conhecer uma parte dos papéis de trabalho de Newton, referidos à pesquisa alquímica, à qual Newton dedicou mais tempo que às pesquisas físicas. No fundo, isso nos mostra o indivíduo Newton atravessado pelo corte epistemológico, isso já é uma indicação destinada a evitar que confundamos o indivíduo com o sujeito da ciência, enquanto vinculado ao discurso da ciência.

5. Ponto cinco. Sem dúvida, vocês conhecem a frase de Pascal que tanto irritava Paul Valéry: "*O silêncio eterno desses espaços* *infinitos me assusta.*" Essa frase desagradava muito a Paul Valéry, ele a comentou como um formoso poema, embora lhe parecesse um pouco melodramática. Pascal também foi um daqueles aos quais o corte epistemológico atravessou. Eu diria, a esse respeito, algo diferente de Paul Valéry. A frase de Pascal sobre o silêncio dos espaços infinitos testemunha um afeto muito moderno, pois os céus, a criação, não eram de modo algum mudos antes do advento da ciência. Pelo contrário: os céus, a criação, a terra cantavam a glória do Senhor, cantavam a grandeza de seu plano. O discurso da ciência, a partir do nascimento da física-matemática, é que fez calar o mundo, silêncio que Lacan resume em uma proposição, que penso ser indubitável, na qual diz que a ciência supõe que no mundo existem significantes que já não querem dizer nada para ninguém. Podemos encontrar no mundo significantes que se organizam, significantes que respondem a leis, mas esses significantes não estão relacionados com um sujeito que se expressaria por seu intermédio. Essa é uma ideia muito moderna e científica: o significante sem intenção. A matematização da física responde a isso. A isso também responde a invenção freudiana do inconsciente. Há significante independentemente do sujeito. Há significante organizado segundo leis autônomas que funcionam independentemente da consciência que o sujeito possa ter dele ou da expressão; é o sujeito, justamente, que é um efeito do funcionamento das leis significantes. Por isso Lacan diz, e afinal a história parece confirmá-lo, que a psicanálise não era possível antes do advento do discurso da ciência.

O contexto científico em que nasceu o descobrimento de Freud tem toda importância. Vocês sabem que Freud era aluno de Brücke, de Helmholtz, quer dizer, cientificistas alemães que somente queriam saber acerca do discurso da ciência, e o próprio Freud permaneceu fiel a essa inspiração por toda a sua vida. Por isso, a psicanálise pode ser considerada como a manifestação do espírito positivo da ciência em um âmbito bastante resistente à captação conceitual da ciência. De certa forma, sempre se soube disso. Não se pode confundir Freud com Jung. Este, independentemente de todas as vicissitudes da história, rompeu com Freud - coisa que lhe custou, decerto, três anos de séria depressão - porque regressou, com seu livro *As metamorfoses da libido*, ao que na antiguidade se chamava "a alma do mundo". Essa teoria antiga não deixou de traçar sua marca na história do pensamento, ao fazer da natureza toda um ser.

É uma intuição fundamental, à qual o romantismo alemão, por exemplo, deu toda a sua extensão; intuição antiga que encontrou sua nova juventude com a filosofia da natureza, e, mesmo hoje, é algo dessa ordem que Teillard de Chardin pôs em moda. Sempre se encontra, precisamente na época da ciência, gente que busca o chamado complemento da alma nesses saberes que não são científicos, mas ao mesmo tempo são saberes, isto é, estão organizados. A alma do mundo: é isso precisamente que o discurso da ciência pôs de lado, é um movimento que se encarna na história com Descartes. Com ele, o espírito científico separou-se - deve-se dizer - do espírito obscurantista do Renascimento. O ponto ômega do padre Teillard de Chardin era o grande significado que, se supunha, ordenava o conjunto da história humana; por outro lado, vocês conhecem tão bem quanto eu a parte de teologia que permanece ainda no marxismo-leninismo. A separação de Bossuet e Marx ainda não se realizou plenamente.

6. Ponto seis. Com o discurso da ciência, Deus deixa de falar. Está silencioso, até escondido, como dizia Goldmann ao falar das tragédias de Racine, o Deus oculto. Está silencioso, escondido e calcula, como diz Leibniz - que também participa da emergência do discurso da ciência. Koyré, da mesma forma que Kojève, analisou a relação que vincula a ciência e o monoteísmo judaico-cristão. Sua tese é de que o discurso da ciência não era possível, sem dúvida alguma, a não ser em um contexto religioso em que se propôs algo totalmente novo e singular: a criação do mundo *ex-nihilo* por um grande Outro divino. A criação *ex-nihilo* elaborada no discurso da religião permitia confiar na experiência natural, confiar em que se pode encontrar, através da experiência natural, traços de uma criação lógica. É por isso que a ciência não é, talvez, tão ateia como se pensa. Por um lado, no discurso da ciência, o significante nada quer dizer na natureza; por outro lado, entretanto, o significante está aí, na natureza, organizado de acordo com leis. É por isso que a ciência sempre está ligada à ideia de que aí há um saber no real, uma rede articulada de significantes que funciona no real independentemente do conhecimento que tenhamos deles. Aqui também a história da ciência, a propósito de Newton, nos ensina. Os cartesianos estiveram escandalizados com Newton. Consideraram que era um retorno do obscurantismo porque – e este é também um ponto que Lacan epistemólogo sublinhou – eles se perguntavam: como os planetas podem conhecer as leis da gravitação de Newton? Como podem obedecer a essas leis? Isto é, portanto, um retorno às qualidades ocultas que Descartes tinha eliminado. A esse respeito, Newton diz que não forja hipóteses que seriam ficções. Com sua pequena articulação significante, constata que elas funcionam no real. Há muitas coisas que se constatam assim, que, afinal, não há por que compreendê-las, coisas que, evidentemente, colocam Deus no horizonte da ciência. Comprova-se, por exemplo, que certas plantas dispõem as suas folhas segundo a série de Fibonacci, segundo o ordenamento regular dessa série de números inventada no século XII. Sabem matemática, as plantas? Tudo o que a física-matemática nos ensina é a constatar que aí há um saber que funciona no real. Nesse sentido, a ciência supõe Deus de dois modos. Primeiro, supõe Deus tal como o reconheceu Descartes, como garantia da verdade, quer dizer, como um elemento que não engana. Vocês sabem que há uma demonstração muito precisa de Descartes sobre esse ponto: sendo Deus perfeito, seria uma infração à sua perfeição se mentisse, e portanto Deus – mesmo que isto seja um limite à sua potência – não pode mentir. Não poder mentir não é uma impotência, mas, pelo contrário, uma excelência da potência. Essa convicção de que há um elemento que não engana é totalmente decisiva na ciência; Avicena até dizia coisas desse tipo: "*Deus pelo menos é honesto.*" Eu tinha a citação exata, aqui está: "Deus", dizia, "*é esperto mas é honesto.*"

Pois bem, a ideia da honestidade de Deus não é simplesmente uma piada de Avicena e, mesmo que se acredite que não se acredita em Deus, talvez ainda, de todos os modos, se acredite. Aliás foi o que disse Lacan um dia, em seu seminário, em que havia mais ou menos quatro vezes o número de pessoas que há aqui: que estava seguro de que não havia uma só pessoa na sala que, de fato, não acreditasse em Deus. Em Deus como o elemento que não engana. Isso é o resultado de uma longa elaboração, isso não era óbvio antes da emergência do discurso da ciência, que não enganava. A princípio isso pareceu um ato de fé, e a elaboração filosófica da perfeição divina foi um componente essencial do discurso da ciência; não se deve imaginar que a filosofia é simplesmente conversa fiada, a filosofia tem uma importância decisiva na elaboração do discurso da ciência. Esse é o primeiro aspecto que evoquei de Deus, garantia da verdade, Deus que não engana.

Há um segundo aspecto, que é Deus como sujeito suposto saber. Essa é uma coisa da qual é impossível defender-se; no momento em que uma invenção significante toma forma e se desenvolve, não podemos deixar de pensar que estava ali desde sempre. Por isso, muitas vezes nos é difícil apreender épocas anteriores ou princípios diferentes de pensamentos, porque as categorias em que estamos capturados nos parecem tão válidas, com frequência, que pensamos que sempre estiveram aí. Mas, enfim, nada prova que Platão, por exemplo, tivesse um pingo de sentimento do eu que nós temos a partir do aparecimento do discurso da ciência. Nada nos diz que a ideia que podemos ter do gozo é a dos epicuristas ou a dos estoicos. A mesma coisa ocorre com as invenções científicas. Vou pegar o exemplo mais fácil: pensem em Cantor, que inventa o infinito não enumerável. Inventa-o em matemática. Não o inventa por experimentação, não o inventa por medição; inventa-o por uma experiência, sem dúvida, subjetiva, uma experiência pela qual pagou, podemos dizer, com a sua razão. Como sabem, Cantor esteve internado numerosas vezes em clínicas psiquiátricas. Quando Cantor inventa o infinito não enumerável, onde busca as suas referências? Isso é algo que, em todo caso, não se encontra nos manuais de matemática, mas é mencionado no livro de Bourbaki sobre a história da matemática, e também o encontramos nas obras e nas cartas de Cantor. Cantor busca suas referências na teologia; há uma teologia de Cantor ao mesmo tempo em que há uma matemática de Cantor, pois, para ele, o infinito não enumerável e a teoria dos conjuntos eram um meio de se aproximar de Deus. No momento em que inventava, de forma significante, o infinito não enumerável, pensava ser funcionário de Deus.

Pouco importam aqui os excessos de Cantor, mas esse movimento - que consiste em projetar em um sujeito suposto saber o que é uma invenção significante - é natural; evidentemente, ganha estatura para nós, torna-se cada vez mais verdadeiro. O infinito não enumerável de Cantor é mais verdadeiro agora do que no momento em que Cantor o inventava; agora, que foi captado, absorvido, desenvolvido pelo discurso da matemática. Isso sempre exige, evidentemente, o consenso dos matemáticos. Evidentemente, a função da transmissão é essencial neste caso, e é lamentável que a comunidade dos psicanalistas, em vez de se pensar com o modelo da comunidade dos cientistas, da comunidade dos matemáticos, seja pensada como uma comunidade eclesiástica, e ela, decerto, fez muito para atrasar a difusão do espírito positivo da ciência na psicanálise tal como Lacan, depois de Freud, desenvolveu.

Devo voltar, por um momento, à invenção de Cantor, invenção científica. Talvez vocês saibam como Cantor inventa, demonstra a existência desse infinito não enumerável. Sabem que começa construindo um quadro que incluiria todos os elementos entre 0 e 1. Por hipótese. Depois, constrói um número pegando a diagonal do seu quadro, é o processo que se chama diagonalização de Cantor, pega o número que está em diagonal, no seu quadro, e muda - em cada lugar - o símbolo que nele figura. Podemos contentar-nos em escrever aí 0 e 1 cada vez que há 0 e 1; ele inverte cada um dos símbolos da cadeia diagonal. Demonstra assim que, sendo cada uma das linhas infinitas, esse número diagonal não pode figurar nessa lista, e que existe em sentido matemático, assim, o infinito como não enumerável, isto é, o infinito como não estando nessa lista. Eis o que nos dá o paradigma do que é o real matemático, o real construído a partir de uma experiência puramente significante. É um real que emerge a partir do impossível, determinado por uma rede de significantes; é um real que emerge por uma forma de impasse na formalização, uma espécie de resíduo da operação significante. Espero com este exemplo - que supõe, evidentemente, que se saiba um pouco de matemática - fazer-lhes perceber o sentido da proposição de Lacan, aparentemente paradoxal, "o real é o impossível".

Quando digo que isso supõe que se saiba um pouco de matemática, quero dizer, na realidade, que isso pode ser explicado no quadro-negro em meia hora - até para pessoas que não saibam nada de matemática. Não digo isso, então, para que pensem que é muito complicado; é, na realidade, o ABC do significante.

7. Ponto sete. Descartes elaborou o que podemos chamar de sujeito da ciência. Sabemos que a emergência do sujeito cartesiano, do sujeito que diz "penso-sou", constitui um corte na história do pensamento. Esse corte foi identificado como tal, de todas as maneiras, na história da filosofia. E é um erro pensar que Descartes funda, no *cogito*, a identidade eu, eu, eu. O *cogito* cartesiano é uma coisa diferente do eu como função de síntese que os psicólogos testam. É um abuso estender a identidade específica do *cogito* cartesiano a toda a esfera psíquica, a todos os atos, a todos os movimentos, a todas as representações da esfera psíquica. Pois o *cogito* cartesiano, em sua emergência, é correlativo a um momento muito destacado, e Lacan, muito próximo ao texto de Descartes, e de um modo que não é contraditório com a leitura mais rigorosa que já se fez das meditações cartesianas, a do historiador da filosofia Martial Guéroult, Lacan, então, decifrou as primeiras meditações de Descartes nesse sentido. Vocês conhecem, penso, mesmo que seja só de ouvir falar, a função da dúvida hiperbólica em Descartes; qual é? O esvaziamento da esfera psíquica, o esvaziamento do universo das representações, o esvaziamento de tudo o que é imaginário. O *cogito*, em sua identidade, só surge como resíduo ineliminável dessa operação de esvaziamento. Nesse sentido, para acompanhar a argúcia de Lacan sobre o tema, a evidência é a de um sujeito esvaziado (*vidé-evidé*) que não existe, de modo algum, como uma esfera que implicaria um monte de representações, de qualidades e propriedades diversas, mas sim como um simples ponto desvanecente, já que, como diz Descartes, "eu sou, eu penso", mas... por quanto tempo? Só no instante em que penso.

Esse é um sujeito que, em seu ponto de emergência, não é de nenhum modo uma substância, e sim, pelo contrário, um sujeito completamente dessubstanciado, que de modo algum é uma alma, que não está relacionado com qualquer natureza, um sujeito desamarrado de todas as aderências naturais. Esse sujeito, que rompeu com todas as suas aderências naturais, com toda significação que não seja o resíduo pontual e desvanecente onde o pensamento e o ser formam um; esse sujeito é estruturalmente o agente do discurso da ciência. E esse sujeito que, em seguida, põe em ação um significante em sua relação com os outros significantes, é a partir desse sujeito que se pode simplesmente confiar nas letrinhas da álgebra. Letrinhas que não são palavras, letrinhas que não estão capturadas pela metáfora e a metonímia, letrinhas que estão separadas da significação. É outrossim esse sujeito que é correiativo à extensão cartesiana, essa extensão tão singular que é inteiramente exterior a si mesma, como dizia Merleau-Ponty: "sem sombras e sem esconderijos", essa extensão inteiramente manipulável, que é efetivamente o ponto sobre o qual repousa o discurso da ciência. Recordo-lhes que Descartes não permanece nesse ponto do sujeito, mas, de imediato, o descobre correlativo ao Outro, ao grande Outro divino, sujeito suposto saber que garante a manipulação automática dessas letrinhas da álgebra. Talvez, no que se segue, eu tenha que me apressar um pouco, pois o nosso tradutor me informou que tem que ir embora às 5h30.

8. Ponto oito. Lacan formula – o que lhes pode parecer paradoxal – que o sujeito do inconsciente freudiano, esse sujeito que aparentemente é muito diferente de um *cogito*, é o sujeito da ciência, é o sujeito pontual e desvanecente de Descartes. Aqui, temos que distinguir duas coisas. Em primeiro lugar, esse sujeito da ciência que emerge com Descartes, ao mesmo tempo em que emerge é rechaçado do discurso da ciência, é uma das suas condições, mas uma condição foracluída,[11] rechaçada para o exterior, o que faz com que a ciência se apresente efetivamente como um discurso sem sujeito, como um discurso impessoal, como o discurso do sujeito suposto saber em pessoa.

E os professores, entre os quais me incluo, os professores se apresentam sempre como os representantes do sujeito suposto saber. Isso se sente especialmente na universidade, tanto em Caracas como em Bruxelas; os professores fazem como se formulassem enunciados carentes de enunciação, e sei muito bem que quando se diz demais "eu", quando se põe a si mesmo na balança, isso sempre parece uma infração ao discurso da ciência, à sua impessoalidade. Mas acontece que a psicanálise não se ensina como outras disciplinas. De fato, é no discurso da ciência que podemos encontrar o sujeito de Chomsky que mencionei na minha conferência anterior, o ouvinte-locutor ideal que conhece perfeitamente os rodeios de sua língua, e que transmite, espera-se, sem equívoco. Em todo caso, o que Chomsky formula é o ideal da língua científica, mas de modo algum a língua que se fala e a língua que nos fala. Observa-se, decerto, na própria história da ciência, o que poderíamos denominar os "retornos do sujeito"; observa-se particularmente quando a gente acredita poder identificar-se com o sujeito suposto saber. Pensem em Frege, que acreditou poder matematizar de forma integral a lógica clássica, que pensou atingir, nesse sentido, uma língua escrita, perfeita, sem equívoco e total. Sabem que aconteceu com Frege? Um dos grandes dramas da história da ciência; quando ia ser publicado o seu segundo tomo, quando já estava na gráfica, recebeu uma carta de Bertrand Russell dizendo-lhe que tudo bem, só que havia um pequeno paradoxo no primeiro que estragava tudo. Um paradoxo muito curto, cabe em um parágrafo, em umas poucas linhas, e afinal Frege passou os últimos vinte anos de sua vida ruminando esse fato insignificante. Aí temos essas espécies de lapsos interiores ao discurso da ciência que, em um momento, fazem vacilar todas as certezas. Ainda temos outro exemplo na história da matemática, que é, por excelência, o lugar em que se deveria constituir a certeza perfeita do discurso da ciência, temos outro exemplo célebre, o teorema de Gödel. Quando Gödel formulou seu teorema, pareceu que desabava de repente toda essa garantia dada pelo Outro à manipulação das letrinhas, que havia começado com Descartes. Isto, então, é apenas para evocar o discurso da ciência na medida em que ele rechaça o sujeito, e que, às vezes, o sujeito fratura sua consistência.

Em segundo lugar, o sujeito do inconsciente, no sentido de Lacan, não é outra coisa senão o sujeito do significante, quer dizer, o sujeito da ciência, só que recuperado em um campo científico como o sujeito que fala. É um sujeito veiculado integralmente através do significante; o que distingue a psicanálise de todas as iniciações, das asceses contemplativas que se conheceram na antiguidade, e até das vagas manipulações corporais que hoje em dia estão novamente em moda, de todos esses exercícios com que se tenta liberar o sujeito de suas mágoas, animá-lo, sugestioná-lo, estimulá-lo; o que distingue o exercício psicanalítico de qualquer iniciação é precisamente que o sujeito, para que a psicanálise opere, não tem que se entregar à menor preparação mental, à menor ascese. Pelo contrário; o sujeito da psicanálise deve vir sem preparação, oferecer-se ao exercício sem qualquer purificação prévia, deve ir regularmente às suas sessões, de forma burocrática, podemos dizer, e dizer tudo o que lhe passar pela cabeça. Não deve preparar discursos bonitos, não se trata de se purificar pela linguagem, e sim, pelo contrário, entregar o material em desordem. E qual é a operação própria do psicanalista? Garantir que todo esse material, entregue em desordem, tem uma causa. Nesse ponto, o postulado fundamental da psicanálise é determinista. Tudo tem uma causa. É uma das duas formulações do princípio da razão suficiente, que só surgiu com Leibniz; mais uma vez, trata-se de um princípio ligado ao discurso da ciência, o qual, por outro lado, Heidegger comentou em um livrinho chamado *O princípio da razão*. Por isso, na operação psicanalítica, o psicanalista funciona como sujeito suposto saber. Ele se coloca no lugar do sujeito suposto saber para permitir a operação analítica. É um lugar muito perigoso, pois pode levar o psicanalista a se identificar com o bom Deus. É isso que comprovamos, efetivamente, na história da psicanálise. Os psicanalistas, por um lado, identificaram-se de bom grado com a divindade, e até têm uma presunção muito especial, pois como, por função, se supõe que sabem, não se sentem obrigados a saber nada. Quer dizer, podem muito bem nadar na ignorância, e, sendo sua posição na experiência a de Outro, eles se consideram perfeitos. Às vezes se consideram o modelo de seus pacientes, seu ideal; confundem às vezes a cura psicanalítica com uma educação, uma educação que pretenderia levar o sujeito simplesmente a se identificar com eles; quero dizer que se creem, nem mais nem menos, o soberano bem.

Lacan formulou coisas como essas, ainda que com isso, é claro, não tenha conquistado amizades entre os analistas Pois se é algumas vezes áspero com os que praticam outras disciplinas, o é menos, com certeza, do que com seus colegas. Lacan formulou também que a experiência psicanalítica não consiste na identificação do paciente com o analista, e sim, pelo contrário, na desocupação da função do sujeito suposto saber; há uma única prática que verdadeiramente poderia ser chamada de ateia, e é a psicanálise. Por isso a psicanálise interessa tanto aos sacerdotes. Presenciamos, evidentemente, o oposto: por exemplo, vemos psicanalistas, inclusive da escola de Lacan, como a chamada Françoise Dolto, explicar à multidão que o primeiro dos psicoterapeutas foi Jesus Cristo – o que não agrada nem aos psicanalistas e nem à Igreja. No entanto, eis o que, depois de trinta anos de discurso de Lacan, se volta a escutar em Paris. Isso nos deixa céticos, evidentemente, acerca dos efeitos que se podem obter ao fazer teoria. Já são 5h30, e ainda me faltam dois pontos; vou evocá-los brevemente.

9. Este ponto está destinado a lhes mostrar como Lacan estruturou, na própria experiência analítica, esses paradoxos da comunicação que sublinhei na conferência anterior, e que, efetivamente, faziam o professor Cadenas dizer que tornavam impossível o conhecimento. Pois bem, teria gostado de lhes mostrar como Lacan, nesse campo evidentemente tão difícil, tenta estruturar tais paradoxos. É verdade que há com o que perder a razão no equívoco generalizado, mas esse equívoco generalizado tem uma estrutura.

10. Ponto dez. Teria gostado de lhes mostrar, acostumá-los à fórmula de Lacan que expus, de forma um pouco abrupta, "a mulher não existe". É um exemplo muito bom, pois Lacan tenta, precisamente, escrever esse paradoxo de forma lógica, quer dizer, tomando de empréstimo os meios da lógica matemática. Porque não se deve pensar que a lógica é aquilo que se aprende nas primeiras aulas da universidade, com o princípio da contradição, e que não há mais lógica se o princípio da contradição não é válido. É um erro. Pelo contrário; existe algo como o paradoxo de Russell, que era necessário elaborar. Há lógicas inconsistentes baseadas na negação do princípio da contradição. Pode-se fazer funcionar muito bem uma lógica matemática negando o princípio da contradição – se aqui há lógicos, penso que não me desmentirão – espero que não me desmintam, posto que a elaboração das lógicas matemáticas inconsistentes e da lógica do significante de Lacan, essa lógica que convém ao inconsciente, que não conhece a contradição, como dizia Freud, a lógica lacaniana do inconsciente é uma lógica inconsistente, toda a álgebra dos termos de Lacan gravita em torno da inconsistência. Pois bem, espero que os lógicos venezuelanos, se os há aqui, não me contradigam, pois a elaboração das lógicas matemáticas inconsistentes fez-se particularmente na América Latina. A escola brasileira, a escola argentina e a chilena de lógica matemática, cujo recente simpósio foi publicado, há dois anos, na grande coleção de lógica de North Holland, demonstraram todos os recursos que podemos encontrar, do ponto de vista matemático, nas lógicas inconsistentes. O que permite ver que há mais coisas nas ciências do que a gente imagina. Acontece que Lacan elaborou uma lógica inconsistente do falo; considerou – sendo nisso muito fiel a seu mestre, o pequeno Hans – que o falo podia ser considerado um predicado, e logrou ordenar os paradoxos freudianos da castração a partir do predicado falo. Isso é coisa que pode muito bem ser exposta; mas, sendo já 5h30, tenho que parar para permitir um intercâmbio de perguntas. Obrigado.

4. A transferência de Freud a Lacan

O TEMA DE HOJE É a transferência de Freud a Lacan. Trata-se de uma expressão ambígua.

Em primeiro lugar, nos referimos à transferência na medida em que é o termo que conceitua, segundo o consenso dos psicanalistas, o *modus operandi* da psicanálise, a mola mestra da cura, seu motor terapêutico e o próprio princípio de seu poder. Acentuo o fato de haver consenso entre os psicanalistas, pois é um fato raro o suficiente para que valha a pena sublinhá-lo.

A conceituação da transferência sofreu uma transformação de Freud a Lacan. Este também é um fato suficientemente importante para que seja sublinhado e, se me permitem a expressão, para que se divulgue a boa-nova. Essa conceituação se transformou, mas, apesar disso, a conceituação lacaniana é, ao mesmo tempo, estritamente freudiana. Tentarei demonstrar-lhes isso no decorrer destas duas conferências.

Lacan situa no fundamento da transferência uma função inédita em Freud: a do sujeito suposto saber. Seria inútil buscá-la na teoria freudiana da transferência, e gostaria de lhes explicar o que é que a legitima. Isso exige fazer um rodeio, com relação à conceituação da transferência, na própria história da psicanálise. Mas nos obriga também a dar conta da transferência que hoje nos leva a pôr Lacan no lugar que antes fora de Freud: o de quem sabe do que se trata na experiência da psicanálise. Para os que têm acesso a seu ensino, essa experiência possui um tom de verdade que é inimitável.

Faço uma pergunta aos que leram os analistas contemporâneos de Freud e seus alunos, e também os analistas de hoje: não têm amiúde a impressão de que esses psicanalistas, ao mesmo tempo em que utilizam as palavras de Freud para relatar sua estadia no campo que Freud foi o primeiro e único a descobrir, que esses psicanalistas tomam as coisas, muitas vezes, como supostos? Asseguram-nos que a castração, a pulsão, a transferência - eles as encontraram, as manipularam, e nos asseguram que são, efetivamente, tais como Freud disse. Mas nós nem sempre estamos seguros de que os analistas tenham ido exatamente ao mesmo lugar que Freud. São como viajantes que chegam de longe e nos dizem: sim, sim, vimos como era isso. Não estamos muito seguros de que tenham percebido o que lá ocorria; em todo caso, é fato que Freud conservou uma vantagem, e ainda a conserva, em relação aos que seguiam suas pegadas, vantagem que se detecta no fato de que os psicanalistas estão sempre articulando sua experiência com os mesmos termos que Freud nos deixou, e sempre voltam a examinar a letra inesgotável de seus escritos. Além deles, temos Lacan, que voltou ao texto de Freud, e inclusive tomou como *slogan* - no começo dos anos 1950 - o "retorno a Freud", mas que, com o passar do tempo, operou de tal forma sobre o texto de Freud que fez surgir dele uma temática, uma conceituação e até uma formalização inéditas. Os termos que introduziu, quer se trate do Outro com maiúscula (A), quer do sujeito suposto saber, são coordenadas desconhecidas até então, que permitem enquadrar melhor os fenômenos que se produzem na experiência analítica. É preciso dizer que em torno de Lacan há, assim como em torno de Freud, muita gente que acompanha o seu ensino, mas que não dá facilmente a impressão de ter penetrado naquilo de que se trata; no entanto, repete com grande convicção, indicando que aí repousa uma grande verdade. Sobre isso, não é pelo fato de que a categoria de sujeito suposto saber se tenha convertido, na França, em um dos termos mais populares de Lacan que é mais bem-apreendida.

Quero indicar-lhes, primeiro, uma frase de Lacan que nos servirá de ponto de referência: "o sujeito suposto saber é para nós o pivô no qual se articula tudo o que se relaciona com a transferência." "Pivô" é uma palavra interessante, que pode designar aquele pedaço de metal ou de madeira sobre o qual gira algo e, em sentido figurado, assinala a sustentação principal de algo, de uma coisa que gira em torno. Procurei no dicionário *Littré*, o mais completo da língua francesa e da sua etimologia, o sentido preciso dessa palavra - como tem que ser feito amiúde com os termos de Lacan -, e encontrei este exemplo literário para compreender o termo pivô, é uma frase tomada de madame de Sevigné: "Aqui temos muitas distrações, mas onde não as temos giramos sobre o mesmo pivô." Não sei se há sempre muitas distrações na experiência analítica, mas o que rapidamente verificamos é que, efetivamente, sempre se gira em torno do mesmo pivô.

O interessante é que o sujeito suposto saber só intervém na teoria de Lacan em uma data relativamente tardia, pelos anos de 1964-65. Vocês encontrarão sua emergência precisamente no texto do Seminário XI, chamado *Os quatro conceitos fundamentais da psicanálise*, no Capítulo 18. Como se entendeu esse termo? Pensou-se que o analisante começa supondo que o analista está de posse do saber que lhe concerne, e progressivamente descobre que não é assim, mas que a análise se estabelece sobre a base dessa suposição. *Grosso modo*, é essa a vulgata que se difundiu sobre o sujeito suposto saber como pivô da transferência; é necessário conhecer com precisão a que problema da teoria freudiana corresponde sua introdução, que nada tem de gratuita.

Por isso começarei evocando, brevemente, a teoria freudiana da transferência. Onde a encontramos? Primeiro, nos textos reunidos sob o título *Escritos sobre a técnica.*[12] Esses textos são de 1911-1915; antes disso, também a encontramos, fugazmente, na *Ciência dos sonhos*, no caso Dora, e podemos também encontrar suas pegadas nos *Estudos sobre histeria*. Além dos *Escritos sobre a técnica*, deve-se conhecer também *Além do princípio do prazer* e *Inibição, sintoma e angústia*.[13]

Há, na história da psicanálise, uma evolução da técnica analítica; Freud o destaca no Capítulo 3 de *Além do princípio do prazer*. Em primeiro lugar, diz, a psicanálise era essencialmente uma arte de interpretar; corresponde, poderíamos dizer, à Idade de Ouro da psicanálise, a essa maravilhosa abertura – observem os casos mais conhecidos – de um território desconhecido no qual, de uma vez e sem dificuldade, o sintoma se oferecia ao deciframento e, como por milagre, se desvanecia depois de curas de cuja brevidade muitos de nós, sem dúvida, temos saudades. As curas podiam ser, nessa época, um passeio com Freud pelo jardim, e seis meses podiam parecer uma duração muito grande. A Idade de Ouro se perdeu muito rápido, e Freud assinala que chegou a ter que analisar as resistências. No fundo, é como se esse inconsciente – a princípio aberto e, de certo modo, dócil à intervenção do analista – tivesse retrocedido progressivamente, houvesse ficado rebelde à intervenção psicanalítica. Se Freud se dedicou nesses anos, de 1911 a 1915, a estudar a técnica psicanalítica, foi para responder a uma dificuldade que representava o começo de um fechamento do inconsciente. Também no Capítulo 3 de *Além do princípio do prazer* Freud introduz uma terceira época, que veremos mais adiante a que conduz.

Se há uma evolução da técnica psicanalítica, esta não deve ser entendida do mesmo modo que a evolução, a transformação das técnicas. Não se constroem mais casas ou rodovias como antigamente. Todos os dias vemos que as técnicas se aperfeiçoam. O modo de evolução da técnica psicanalítica é do mesmo tipo? Claro que não. Se a técnica psicanalítica evoluiu – não tenhamos medo das palavras – é porque o inconsciente mesmo evoluiu. Há uma história do inconsciente, pode parecer fantástico dizer algo assim caso a gente esteja convencido de que o inconsciente é uma espécie de energia vital tão estável, tão fixa quanto a gravitação do universo. Mas se entenderá melhor caso se admita, como Lacan, que o inconsciente está estruturado como uma linguagem, e que a intervenção do psicanalista no inconsciente é de tal natureza que pode modificá-lo.

Algo distingue Freud de todos os analistas que vieram depois dele: não repetia uma teoria, elaborava-a de forma autêntica a partir do próprio discurso de seus pacientes. Não há teórica maior da psicanálise que Anna O., a histérica, que inventou o termo "*talking cure*", a cura pela palavra. Freud apenas o recolheu de sua boca. Foi ela quem o guiou à entrada da psicanálise. A gente sempre se assombra ao ler os primeiros textos, tão frescos dos primeiros psicanalistas, pela simplicidade de suas interpretações e pelos efeitos milagrosos que produzem, os quais, podemos dizer, estão muito longe do que se pode obter hoje em dia. Vocês podem tentar obter efeitos milagrosos em um sujeito dizendo-lhe que está apaixonado pela sua mãe; isso não lhe faz qualquer efeito.

O paciente sabe disso muito antes de que lhe digam, e não se obtém nenhum dos efeitos de interpretação a partir de intervenções grosseiras desse gênero. Vamos ver também, com o sujeito suposto saber, em que sentido o psicanalista e seu discurso fazem parte do próprio inconsciente.

Para simplificar as coisas, antes de entrar no texto de Freud, vocês verão que há – vou dizer-lhes, mas espero que verifiquem no texto de Freud, não lhes peço que acreditem só na minha palavra – três formas de transferência, diferenciadas por Freud, que encontramos dispersas através dos textos.

A primeira forma é a que identifica a transferência com a função de repetição. A segunda identifica a transferência com a resistência. A terceira identifica a transferência com a sugestão. Diria que o que Lacan tratou de deslindar, com o sujeito suposto saber, é o pivô sobre o qual giram estes distintos aspectos da transferência que Freud havia discriminado. Diria que estes pertencem aos fenômenos que se produzem na experiência analítica, enquanto o sujeito suposto saber é de uma ordem diferente da dos fenômenos, é da ordem – estritamente falando – de um fundamento transfenomênico dos fenômenos da transferência.

Vamos pois à história freudiana da transferência, que evocarei brevemente. Vou consagrar a essa questão um curso de um ano, em Vincennes, e lhes darei uma espécie de resumo dele.

Encontramos o termo transferência, empregado por Freud, desde *A ciência dos sonhos*; diz-se *Übertragung* desde *A ciência dos sonhos.* Qual é o seu uso? A propósito da psicologia dos processos oníricos, Freud explica como o sonho se apodera do que ele chama de restos diurnos, as lembranças do que aconteceu no dia anterior, como o sonho se apodera desses elementos para montá-los com um valor diferente, com uma significação diferente daquela do momento de sua primeira emergência. São então formas esvaziadas de seu sentido, muitas vezes até insignificantes, e o desejo do sonho as investe de um novo significado. É aí que Freud fala pela primeira vez de transferência de sentido, de deslocamento, de utilização, pelo desejo, de formas alheias a ele, das quais se apodera e às quais carrega, infiltra e dota de uma nova significação.

Isso é muito importante, mesmo que depois o termo transferência tenha assumido um significado muito mais especializado em Freud. Trata-se aqui dos disfarces do desejo que, permanecendo inconsciente, se exprime apoderando-se das representações mais anódinas. Expressa-se ao se deslocar do recalcado para uma representação, cuja própria banalidade a torna aceitável para a consciência.

Podemos então dizer que a primeira transferência freudiana corresponde aos tropos da transferência, poderíamos falar da tropologia da transferência. Esse é um princípio geral. O desejo se apodera de formas errantes, que nada valem em si mesmas, que foram despojadas de significação, que funcionam separadas de sua significação primeira, no fundo funcionam como letras, e isso é o que se compreende melhor a partir da teoria lacaniana do significante. De fato, essas formas são significantes aos quais o desejo proporciona um significado diferente e novo. Isso mostra, entre parênteses, a inutilidade das chaves dos sonhos, velha tradição que dura desde a antiguidade. As chaves dos sonhos são fundadas no princípio de que a cada significante corresponde, de forma unívoca, seu significado; se temos a tabela de tradução, podemos passar, de forma invariável, do significante ao significado. Pois bem; basta olhar por um momento *A ciência dos sonhos* para ver que isso é absolutamente incompatível com a concepção freudiana, pois precisamente esses significantes só valem na medida em que foram esvaziados da significação, e se trata de tornar a encontrar, a cada vez, essa significação em particular. Nesse sentido, a transferência, a primeira transferência freudiana, é o processo geral das formações do inconsciente – o sonho, o lapso, o chiste –, é que o desejo se mascara e se aferra a significantes esvaziados, enquanto tais, de significação. Essa é ainda uma concepção muito geral da transferência.

Diversamente, a partir do caso Dora emerge a significação precisa da transferência freudiana. A transferência, em sentido psicanalítico, se produz quando o desejo se aferra a um elemento muito particular que é a pessoa do terapeuta. Talvez possam ver, em curto-circuito, que essa pessoa não é exatamente uma pessoa. Essa pessoa, como talvez tenham entendido, espero, pela análise precedente, é mais o significante do analista do que sua pessoa. Decerto isso sempre resultava misterioso quando se imaginava tratar-se da pessoa do analista. Há um artigo muito divertido de Thomas Szaz sobre a transferência, no *International Journal*, que diz: "Quando me olham, a mim que sou feio como um piolho, me pergunto como é possível que se aferrem à minha pessoa." Isso dá origem à ideia de que a transferência é sobretudo um fenômeno ilusório, um fenômeno imaginário. E isso não está errado, só que encontramos esse tipo de ilusão a cada momento, na existência. Esse é um pequeno curto-circuito para fazer com que notem que "a pessoa do analista" deve ser entendida entre aspas. A psicanálise é feita precisamente para nos fazer duvidar de que as pessoas o sejam tão verdadeiramente. Em todo caso, o lacanismo está do lado oposto ao de qualquer teoria da personalidade. Assim, a transferência freudiana é o momento em que o desejo do paciente se apodera do terapeuta, em que o psicanalista – não sua pessoa – imanta as cargas liberadas pelo recalque.

Essa concepção da transferência já implica muitas coisas. Implica, precisamente, que não há exterioridade do analista com relação ao inconsciente. Evidentemente, se se imagina que o inconsciente é algo que está em algum lugar no paciente, e se pensa que o psicanalista que está ao lado, separado por uma pequena distância, que está aí em sua poltrona, com suas diferentes preocupações, seu corpo que incomoda, suas costas que doem, seu peso que ele cuida, é evidente que esse analista não tem nada a ver com o inconsciente que, supõe-se, está escondido no paciente. Mas a própria ideia da transferência já nos conduz a compreender que o analista, na medida em que opera com a cura psicanalítica, não é exterior ao inconsciente do paciente, e que talvez seja necessária uma ideia mais sofisticada do que essa ideia grosseira de inconsciente.

É isso precisamente o que faz a particularidade da observação psicanalítica, do relato de casos. Se a escrita de um caso é difícil em psicanálise é porque, em última instância, é uma psicanálise do próprio analista. Na observação psicanalítica não há essa exterioridade que conserva a observação psiquiátrica.

Freud é, talvez, o melhor exemplo, precisamente no caso Dora. Vocês sabem que, uma vez terminada a cura de Dora, ou melhor, interrompida a cura, pois ela a abandonou, Freud reanalisou sua própria posição com relação a ela, e concluiu que se tinha equivocado fundamentalmente quanto ao objeto de interesse de Dora: tinha acreditado que seu interesse principal era o homem, o sr. K., e não percebeu, como ele mesmo diz, que o interesse fundamental de Dora, a histérica, era a sra. K. Dora só se interessava pelo sr. K. como mediação para se aproximar do mistério essencial que ocupa a histérica, a saber: que é uma mulher? E se Freud cometeu esse equívoco, foi por preconceito, pois estava convencido de que o que tinha que interessar às moças eram os homens. Nesse sentido, o caso Dora é também o caso Freud. E o que dá a grandeza das Cinco Psicanálises é que o caso que está em seu centro é o caso do próprio Freud, que também não vacilou em se colocar ele mesmo na *Ciência dos sonhos*, que é o que permite, afinal, que saibamos muito sobre a relação de Freud com, por exemplo, a mulher.

O que também nos ensina a transferência desde o seu começo, espero tê-los feito entender a partir do exemplo dos restos diurnos, é que o engatamento se dá muito mais com um significante do que com uma pessoa. Digamos que o analista, como significante, faz parte da economia psíquica. Esse é o descobrimento da transferência. Há um lugar na "economia psíquica" que o analista vem ocupar. Eu me atreveria a dizer que é impossível fazer teoria da psicanálise se não se admite que o analista é uma formação do inconsciente. Essa é uma tese geral. Espero ter tempo para lhes mostrar como os próprios teóricos contra os quais Lacan quis restituir o sentido inaugural da experiência freudiana – a saber, os teóricos que não sei se posso chamar de anglo-saxônicos, pois eram todos europeus, em sua maioria exilados pelos nazistas –, mas, enfim, os teóricos que recobriram a verdade da experiência de Freud nas zonas de influência inglesa e norte-americana, esses teóricos eram conduzidos, pois era gente séria, a designar um lugar para o analista na economia psíquica. Só que esse lugar não era o adequado, isso é o que tratarei de lhes mostrar.

Enfim, ainda que eu a diga de forma um pouco provocadora, essa tese de que o analista é uma formação do inconsciente não é, penso, uma tese somente lacaniana, mas uma tese para toda a teoria da psicanálise. Como se apresentam as coisas em Dora? Como se apresenta de fato a teoria? A teoria da transferência: eis o que Freud se viu obrigado a construir para dar conta de um fato que primeiro se apresentou como imprevisto. A transferência não estava prevista na teoria de Freud. Ele tinha percebido – mediante o que se acredita ter sido sua autoanálise, mas que não o foi – a possibilidade de decifrar uma formação do inconsciente, e por intermédio desse deciframento trata de fazer o sintoma desaparecer; a transferência intervém aí, primeiro, sob a forma da surpresa. Mas eis que o terapeuta surge interessando especialmente o paciente, ocupa seus pensamentos e, sobretudo no começo, desencadeia o amor do paciente. Estamos agora acostumados com a ideia de transferência e contratransferência, positivo e negativo, mas teríamos que ser capazes de ter certa surpresa com relação à emergência do amor em uma atividade que se apresenta como científica e terapêutica.

Essa chegada imprevista da transferência a faz parecer, primeiro, um fenômeno parasitário que perturba a continuação do trabalho. É uma espécie de entorpecimento da relação terapêutica, e Freud chega a assinalar que é como a criação de uma nova patologia no lugar, talvez, ou além da antiga. Esse não é, evidentemente, um bom resultado para uma atividade terapêutica – criar uma nova patologia. A transferência conserva esse caráter de patologia própria da experiência analítica, e Freud reconhece que essa patologia é inevitável, pois o desejo inconsciente é mobilizado pela cura. Aí notamos o caráter bifacial, a dupla face da transferência.

Por um lado, a emergência da transferência na cura é testemunho do inconsciente. Tem-se que ser inconsciente para amar

Thomas Szaz. É testemunho da atualização do inconsciente, esta é uma das definições lacanianas da transferência: a transferência é a atualização da realidade do inconsciente. Quando Lacan diz isso, está muito próximo dos textos de Freud, mas com uma formulação que não está no mesmo nível que a do sujeito suposto saber. Lacan passou dez anos em seu seminário para elaborar a teoria do sujeito suposto saber, e é necessário – para os que trabalham Lacan – saber ordenar esses diversos estratos de sua teoria, ainda que não seja essa a nossa preocupação de hoje.

A transferência tem seu valor porque permite ver o funcionamento de um mecanismo inconsciente na própria atualidade da sessão. Por isso Freud pode aconselhar, a todo terapeuta que esteja começando, que interprete somente quando a transferência já teve início, pois a emergência da transferência assinala que os processos inconscientes foram ativados.

Pois bem: ao mesmo tempo, e este é o segundo aspecto, é um obstáculo para a cura. Vejam que a articulação é muito complexa nesse caso. O texto com o qual devemos nos orientar é o primeiro texto dos *Escritos sobre a técnica*, o texto *Sobre a dinâmica da transferência*, de 1912. Freud dá inclusive um truque para o psicanalista: se acontece de as associações de um paciente se interromperem, pois então lhe diga: "Você está pensando em mim", isso sempre funciona.

Isso destaca que a transferência tem uma função, pode-se dizer, de tampa para as associações inconscientes: vem a interrompê-las. Se lerem o seminário *Os quatro conceitos fundamentais da psicanálise* de Lacan, verão que nesse seminário ele titubeia quanto ao caminho a seguir com relação à transferência, que de uma lição a outra – ainda que sempre fale com a mesma segurança – busca seus pontos de referência. Poderão ver que Lacan assimila a transferência a um tempo de fechamento do inconsciente, não a um tempo de abertura. Essa é a profunda ambiguidade da transferência. A análise se faz, em certo sentido, graças à transferência e, em outro sentido, apesar da transferência. Captamos assim dois aspectos da transferência: o aspecto mediante o qual se identifica com a repetição inconsciente e o aspecto mediante o qual se identifica, pelo contrário, com a resistência.

Freud evoca a repetição desde o começo do texto *A dinâmica da transferência*. Diz – é uma expressão um pouco rudimentar – que o que se produz pode ser descrito como uma placa estereotípica ou várias placas, que podem permitir obter figuras por impressão mediante estereótipos que se repetem de forma constante, reimpressos no decorrer da vida de uma pessoa, à medida que as circunstâncias externas o permitam. Essa é uma forma muito ligeira de falar da repetição: cada indivíduo tem uma placa estereotipada da qual tira exemplares, indefinidamente, no decorrer de sua existência e, afinal, a transferência é o momento em que o analista é captado nesses estereótipos, o momento em que a carga libidinal introduz o médico em uma dessas séries psíquicas que o paciente constituiu no decorrer de sua existência.

Aqui – podemos evocar o termo imago – o médico é introduzido em uma série, e pode ser identificado à imago materna, mas também à imago do irmão, à imago do pai.

O inconsciente aparece como um repertório da *commedia dell'arte*, na qual há personagens muito tipificados: Pantaleão, Polichinelo, Arlequim, Colombina; com esses personagens, podem ser reproduzidas todas as situações da existência. A transferência aparece, assim, como uma ilusão, precisamente imaginária, como algo que não é racional, como um fenômeno aberrante.

Uma transferência do inconsciente no presente, eis o que Freud formulará em seu texto *Lembrança, repetição e elaboração*[14], que aparece um pouco depois daqueles *Escritos sobre a técnica*; o segundo texto da série se chama *Outras recomendações sobre a técnica da psicanálise.*[15]

Uma transferência aparece na conceituação de Freud, nesse texto, como um fragmento de repetição inconsciente, como presa ao automatismo de repetição. No fundo, o analista exerce uma pressão sobre o inconsciente pela própria oferta que faz de escutar o paciente, escutá-lo na medida em que diz qualquer coisa – e sabemos que o que diz nunca é qualquer coisa –, e essa qualquer coisa o conduz à zona que imaginamos no mais profundo, onde estaria escondida sua libido. Esse empurrão do analista é, para Freud, necessariamente correlativo a uma resistência. Essa concepção gerou – deve ser dito – todas as aberrações da psicanálise das resistências, na qual vemos o psicanalista empurrar o paciente até os seus últimos esconderijos, e o infeliz resistir cada vez mais. Isso termina assimilando a psicanálise a uma espécie de luta, o que é muito diferente do que Freud propõe. Encontramos isso em certos textos e, quando os analistas se abandonam um pouco, a coisa fica do tipo: "Você está resistindo, seu nojento." O psicanalista tenta atravessar essas resistências, irrita o paciente, sacode-o. Finalmente, poderíamos dizer que o paciente é paciente e o analista que pratica a análise das resistências é, ele, impaciente.

Podemos vê-lo claramente em um dos textos que evocam a prática analítica precisamente naquela época, nos textos de Wilhelm Reich da época em que ainda era psicanalista, e até um teórico muito destacado da psicanálise. Que diz ele? Diz: afinal, o que devemos recriminar no psicanalista de hoje – quer dizer, em torno de 1920 – é que deixa o paciente fazer o que quer, e o paciente não é sério, foge do ponto decisivo de sua carga, fala de tudo e de nada, ziguezagueia. Diz: "Nós é que devemos levá-lo de volta ao caminho reto, e é só quando o tenhamos obrigado a pensar no que não quer pensar é que começaremos a analisar o inconsciente." No fundo, todos os analistas desse tempo foram teóricos da psicanálise ativa, da posição ativa. Não foi só Ferenczi que promoveu a atividade nesse sentido, mas progressivamente a psicanálise inteira caiu na via da atividade do psicanalista. A prova é que se saiu dos limites da psicanálise quando se começou a olhar o paciente, quando se começou a manipulá-lo. Pois bem - isso produz, talvez, efeitos; mas já não é psicanálise. Toda a psicanálise se afundou aí. Eu diria que, como teórico da "passividade" (entre aspas) do psicanalista, de sua não atividade, pois bem - está Lacan. Afinal, ele disse que compete ao analista ser paciente.

Podem perceber em que se pode contrapor Lacan a todos os teóricos pós-freudianos da psicanálise. Lacan tem, fundamentalmente, confiança no inconsciente. Os psicanalistas de hoje, por seu lado, já não creem, não confiam no inconsciente. Lacan partiu dessa comprovação, no começo de seu trabalho. Por outro lado, o que melhor mostra que já não creem nisso é a forma em que se organizam nas suas sociedades, a forma pela qual aceitam um novo membro, a forma com que impõem graus, exatamente como qualquer associação, qualquer sindicato - e, na maioria das vezes, suas associações não são outra coisa senão sindicatos de defesa profissional. Lacan dizia, inclusive, que eram sociedades de defesa mútua contra o inconsciente. Enfim, estou me afastando do tema.

A transferência, quando a situamos entre a pressão do analista e a resistência, aparece essencialmente como uma formação de compromisso: a libido abandona um pouco de terreno ante a demanda do analista, e há um pequeno pedaço que se solta e obtura o conduto. Por isso podemos falar de tampa. Nesse sentido, a transferência assinala que o inconsciente foi atingido e imediatamente se manifesta através de uma infração à regra fundamental da psicanálise, através de um silêncio do paciente que evita o pensamento acerca do terapeuta.

Se seguimos a concepção de Freud do primeiro texto dos *Escritos sobre a técnica*, o motor do tratamento parece ser o combate entre a libido do paciente e a demanda do analista. É aí que Freud faz intervir essa inversão que transforma a transferência, de obstáculo em alavanca; a transferência se converte no ponto de Arquimedes a partir do qual o paciente pode ser levantado até o mais profundo de si mesmo. Freud introduz, nesse momento, a diferença entre a transferência positiva e a transferência negativa. Evidentemente, se a transferência é negativa, isso não é mais psicanálise, é melhor que a transferência seja positiva; distingue, dentro da transferência positiva, uma transferência de tipo erótico (que é melhor proscrever) e o que convém apoiar, o que constitui verdadeiramente a alavanca da operação, que é a transferência positiva, amável, terna mas não erótica. Quando há transferência e simpatia, tudo bem. Assim, analisar a transferência consiste em liquidar a transferência negativa, a transferência positiva ardente demais, e conservar a transferência amável, coisa que permite operar no paciente por sugestão.

Chegamos então à terceira forma de transferência, a transferência de sugestão. Freud diz precisamente: "Devemos admitir que os resultados da psicanálise repousam sobre a sugestão. Por sugestão devemos entender a forma de influir sobre uma pessoa mediante os fenômenos de transferência possíveis em seu caso." Vejam que aqui há ao mesmo tempo, entre transferência e sugestão, uma espécie de equivalência e uma distinção que não percebemos muito bem. Um dos objetivos da teoria lacaniana da transferência é distinguir radicalmente a transferência da sugestão, aceitando ao mesmo tempo que resta uma margem de sugestão em toda operação de transferência.

É nisso que se pode captar por que a análise do paranoico é – no mínimo – difícil, se não impossível, mesmo que Lacan diga que o psicanalista nunca deve retroceder diante da psicose. A transferência do paranoico continua sendo fundamentalmente negativa, e isso torna, com efeito, difícil operar sobre ele mediante a sugestão.

Pularei algumas coisas, pois senão nunca esgotaremos o tema. Quero evocar *Lembrança, repetição e elaboração* porque, nesse texto, Freud estende a transferência até fazê-la recobrir toda a dimensão da cura analítica. Chega a dizer, como sabem, que se produz na experiência analítica uma nova neurose, que ele chama de neurose de transferência. Nesse sentido, quase poderíamos acrescentá-la como um quarto modo de transferência; a neurose de transferência é, se quiserem, a modalidade de conjunto da cura, a doença artificial própria da psicanálise. Afinal, talvez seja o que a psicanálise tenha feito de melhor, inventar uma nova doença. Como diz Freud nesse texto – perturba-me um pouco resumir um texto que teria que ser seguido em todos os seus rodeios, pois cada um desses rodeios tem algo a ensinar –, com a psicanálise todos os sintomas do paciente adquirem uma nova significação. Fala a respeito de uma significação de transferência, *Übertragung Bedeutung.* Pergunto-me como o entenderam e que puderam fazer com isso os psicanalistas que não pensam que o inconsciente está estruturado como uma linguagem. Se Freud pode dizer que todos os sintomas adquirem uma nova significação a partir do começo da cura analítica, é porque o sintoma é um elemento que tem uma significação que se dirige ao Outro. Trata-se de determinar – e já o podemos perceber em uma primeira análise – em que lugar o psicanalista se situa na cura; situa-se no lugar aonde se dirige o sintoma, é o receptor essencial do sintoma e, por isso, o lugar que deve à transferência lhe permite operar sobre o sintoma.

Faço um pequeno parêntese que lhes permitirá captar, talvez, a consistência da teoria de Lacan e de que modo ela permite ordenar elementos que em Freud aparecem desordenadamente. A transferência é a tal ponto a modalidade de conjunto da cura que Freud chega – vocês sabem – a aconselhar que seu paciente adie decisões importantes para a sua existência, por medo de que estas sejam apenas manifestações parasitárias da cura. Isso funcionava bem, evidentemente, quando as curas eram de três semanas ou de seis meses. Mas, quando começam a durar dez anos, fica um pouco difícil pedir ao paciente que não viva durante esse tempo. Toda a questão está aí: o que diferencia na verdade os fenômenos que se produzem na existência, que – imaginamos – são reais? Por acaso é tão simples distinguir entre o ilusório e o real? O que chamamos de nossa vida real não é menos ilusório do que aquilo que se produz na cura, e aí adquire todo seu valor o terceiro texto da série *Outras recomendações para a técnica psicanalítica*, que se chama *Observações sobre o amor de transferência*.[16]

É um texto emocionante de Freud porque, de todos os modos, Freud é um vitoriano. Lacan disse que, no fundo, sem a rainha Vitória, sem o que ela representa, nunca teria havido psicanálise, e dedicou uma aula de seu seminário à biografia da rainha Vitória, de Lytton Strachey. Esse é um ponto que Michel Foucault abordou no começo de sua *História da sexualidade*. Há uma obra de Molière chamada *O amor médico*. Pois bem, o texto de Freud é o "amor analista". Mostra-nos seu incômodo diante desses amores determinados pela situação analítica. Faz uma descrição de um amor tumultuado de uma dama pelo analista. O terrível é que, com essa concepção, deve-se considerar que essa dama, que não pede outra coisa senão se entregar, está atuando uma resistência. É algo delicado, na tradução simultânea, o intervalo entre o momento em que a gente diz uma piada e o momento em que o outro reage. É curioso, deixa a gente com certo suspense e mal-estar. Se quiserem, o sintoma é um pouco assim, quer dizer, está dirigido a alguém, mas é detido em algum lugar e – durante o tempo em que permanece detido – não nos sentimos precisamente muito cômodos. Por que então a abstinência do psicanalista? No fundo, seria satisfazer um desejo que se manifesta abertamente, seria – diz Freud – o triunfo da paciente, quer dizer, o triunfo da repetição sobre a rememoração. A transferência é quando a repetição triunfa sobre a exigência de recordar e verbalizar que o psicanalista formula. O psicanalista pede, mediante a "associação livre", a rememoração. A transferência opõe, à rememoração, a repetição. Assim, satisfazer o desejo da paciente, nesse caso, não seria tanto ser infiel à ética do terapeuta – que pode ser levada em consideração –, mas sim, sobretudo, ser infiel à regra fundamental da psicanálise: dizer tudo, recordar em vez de repetir no presente.

Quais são então os traços que diferenciam esse amor de transferência do amor, não direi de todos os dias, pois o amor é algo que não se dá todos os dias, mas do amor da vida? Freud diz que é um amor, inclusive, artificial, provocado pela situação analítica, que além disso é intensificado pela resistência, que comprova ser mais irracional do que o amor que se encontra na existência. Isso não me parece muito convincente e, por outro lado, a Freud também não. O grande problema é que, quando a gente vê as coisas de perto, não se consegue diferenciar esse amor de transferência do verdadeiro amor. Não se consegue muito bem considerá-lo inautêntico. Pois se esse amor de transferência é uma repetição estereotipada das condutas inscritas no sujeito, disposta a ressurgir quando se lhes dá ocasião, isso é certo para todo amor. Não existe, diz Freud, amor que não tenha seu protótipo na infância. Dito de outra forma, esse amor é tão verdadeiro quanto o outro. De modo que esse artigo de Freud, o amor analista, está bem delineado para nos fazer questionar a ideia de vida real. Algo proporcionado efetivamente pela psicanálise é que a vida é fundamentalmente uma repetição, que temos a ilusão do novo, mas, de fato, a vida é constituída pela repetição. Precisamos de uma psicanálise para notarmos esses limites tão estreitos em que estamos capturados por um número extremamente limitado de significantes. No que se refere a isso, não somente somos pouca coisa – como a religião nos tem ensinado e repetido –, mas também vivemos em um sonho. O que Lacan evoca, muito precisamente, é que não se sonha simplesmente quando se dorme – quando a gente acorda, muitas vezes é para continuar dormindo, dormindo com os olhos abertos, e assim passamos todo o nosso tempo. No momento em que nos aproximamos, no sonho, do que é verdadeiramente real em nós, é nesse momento que acordamos, porque nos dá medo, acordamos para continuar dormindo.

Isso é algo que exige mais precisão do que a que estou utilizando.

Mas na psicanálise existe uma aspiração a acordar que não é satisfeita totalmente pela vigília de nossas atividades cotidianas. Não se pode dizer que se está acordado quando se passa uma hora e meia em um engarrafamento para chegar até aqui. Nossa vida se acomoda muito bem a esse torpor, ao qual as conferências muito longas também conduzem, é uma espécie de hipnose mútua. Mas na palavra há algo disso, a palavra em si mesma é hipnótica. O próprio fato de consentir em ouvir já é uma perda do livre-arbítrio, já os coloca à mercê da voz que, no sentido de Lacan, é um objeto, um objeto de catexia. Enfim, estou me afastando um pouco do tema, mas voltaremos a encontrá-lo quando se tratar da sugestão, desse valor que evoco de passagem.

Assinalarei ainda o que Freud diz em *Além do princípio do prazer*, texto de 1920. No Capítulo 3, distingue a psicanálise como arte de interpretar as resistências e, finalmente, se interroga aonde chegamos hoje em dia. Comprovamos que o paciente tem que repetir o recalcado como uma experiência atual, em vez de recordá-lo; é isso, inclusive, o que permite destruir as catexias em que está capturado, pois isso não se pode fazer *in absentia*, deve ser feito no presente, e diz uma frase absolutamente essencial: "Não se deve esquecer que o inconsciente, o recalcado, não oferece qualquer resistência aos esforços da cura." Isso é muito importante porque marca sua evolução entre 1911 e 1920, é algo que tem a maior importância para Lacan. O inconsciente freudiano, enquanto tal, não resiste, a única coisa que pede é dizer-se, só pede emergir, abrir passagem. As resistências, diz Freud – que está construindo a sua segunda tópica –, provêm do eu (*moi*) e não do recalcado. Provêm do eu porque a liberação do recalcado provoca desprazer. Aqui então começa a figurar este termo, tão importante depois, a compulsão à repetição que está presente no inconsciente. O famoso *Wiederholungszwang* será o objeto do próprio texto de *Além do princípio do prazer.* Como podem observar, temos uma oposição entre a resistência, que é referida ao eu, e a repetição, que é repetição do recalcado. Isso é suficiente para contradizer a construção anglo-saxônica sobre a análise das resistências. De fato, o que Wilhem Reich criticava nos que deixavam os pacientes seguirem seus ziguezagues era a sua própria incapacidade de decifrar, em seus movimentos mesmos, a linguagem própria do inconsciente, sua linguagem metafórica e metonímica, sua linguagem totalmente em deslizamento.

Em *Inibição, sintoma e angústia*, acha-se uma espécie de quadro das resistências. Freud evoca a resistência do recalque, a resistência da transferência, a resistência do isso, a resistência do supereu – que foi a última que descobriu, e diz ser a mais obscura, enraizada no sentimento de culpa. Na segunda conferência voltaremos a essa resistência do supereu, para ver como podemos esclarecê-la um pouco.

Mas, então, em tudo isso não vemos o sujeito suposto saber. Temos, por um lado, uma transferência extremamente polimorfa, que pode adquirir diferentes valores – repetição, resistência, sugestão – e até cobrir o conjunto da cura. A transferência aparece sempre como um conceito evanescente, que se confunde com outros conceitos; que se confunde, em um sentido, com a repetição; em outro, com a resistência; e com a sugestão em um terceiro sentido. É um conceito absorvido, de algum modo, pelos outros. Os analistas ainda estão nesse ponto. Hoje eu lia um artigo no jornal – creio que *El Nacional*; pois, ainda que não fale o castelhano, o leio bem, sobretudo a prosa moderna – no qual alguém evocava de passagem a transferência em Freud, dizendo que a transferência, *grosso modo*, era a repetição. Tinha algum espaço para dizer algumas generalidades sonoras acerca de Freud e, entre estas, dizia que a transferência equivale à repetição. Pois bem, Lacan também o disse antes de construir sua teoria. No grande texto de Lacan de 1953, *Função e campo da palavra e da linguagem*, mais familiarmente chamado *Informe de Roma*, Lacan dizia: "O automatismo de repetição não busca outra coisa senão a temporalização da experiência da transferência."

Não tentaremos comentar o detalhamento da coisa, que é muito complexo. Mas vejam que um leitor poderia considerar que Lacan também, afinal, absorvia o conceito de transferência à ideia de repetição, a qual de algum modo continua sendo o principal entre os seus três valores, o valor que mais deteve os analistas.

Então, essa confusão – pois não é outra coisa – só foi eliminada por Lacan no texto a que aludi, *Os quatro conceitos fundamentais da psicanálise*. O mais notável, nesses quatro conceitos, é quais são eles. Lacan considera conceitos fundamentais: o inconsciente, a repetição, a transferência e a pulsão. O mais importante aí, precisamente, é que faz da transferência um conceito diferente do conceito de repetição. Sua elaboração vai, precisamente, esclarecer seus aspectos contraditórios, múltiplos, que Freud isolou, digamos que com certa desordem – creio não exagerar, se lerem os textos verão que há um certo *bululú*, como se diz aqui, na teoria freudiana da transferência; tentem isolar com precisão o pivô em torno do qual giram todos esses fenômenos.

Então, será que é uma pura e simples criação de Lacan esse sujeito suposto saber? Não sei quanto tempo ainda temos, começamos às 8h30, e já estou falando há uma hora e 45 minutos; vou deter-me um pouco na beirada e isso fará com que vocês voltem da próxima vez. Onde se situa o sujeito suposto saber, já que, fazendo uma breve revisão nos textos de Freud sobre a transferência, nada notamos sobre essa categoria? Pois bem; há um pequeno texto de Freud, que deixei de lado em minha enumeração, o primeiro texto da série *Outras considerações sobre a técnica psicanalítica*, e que versa sobre o começo da análise.

Lacan funda a transferência, em sua dimensão radical, no próprio dispositivo da cura. Funda a transferência como uma consequência imediata do procedimento freudiano, como uma consequência imediata da regra fundamental da psicanálise. É uma dedução, se quiserem, puramente lógica; o sujeito suposto saber não é algo que se observe, ainda que se possa observá-lo, mas segundo modalidades muito precisas. É, fundamentalmente, um princípio que toca na própria lógica da psicanálise, uma lógica que depende desse princípio posto no início pelo analista, que tem a ver com o convite que se faz ao paciente para dizer tudo em desordem, sem reter nada, sem ser detido pela decência ou pelo desprazer. O sujeito suposto saber, no sentido de Lacan, é uma consequência direta desse procedimento. Se quiserem, é o princípio constitutivo da transferência; depois, sobre esse fundamento, pode produzir-se toda a diversidade dos fenômenos que acompanhamos em Freud. Sujeito suposto saber não é de modo algum, como se imagina, que o psicanalisante, aquele que vem pedir uma psicanálise, imagine que o psicanalista sabe tudo. Pode inclusive, na maioria dos casos, estar um pouco decepcionado com seu terapeuta, comparado com a ideia que tinha dele. Se o paciente tem uma ideia sobre a psicanálise em Freud, o psicanalista que vai encontrar, com esse parâmetro, talvez lhe pareça um pouco decepcionante. Pode até desconfiar de seu psicanalista e, em vez de supô-lo tão sábio, colocar sua capacidade em dúvida. Com frequência, decerto, não está necessariamente equivocado.

Lacan evoca, em *Os quatro conceitos fundamentais da psicanálise*, um artigo de Nunberg no *International Journal* em que este se refere aos ditos de um paciente insatisfeito com seu psicanalista, o qual lhe diz: "Você não sabe isto, é claro, nem aquilo, claro, e nem sequer é capaz de aprendê-lo." Nunberg diz com justeza: Vi afinal, nessa insistência, que estava pronto para a transferência; fala de *readiness to transference.* Não se trata, então, de pensar que o sujeito suposto saber se encarna na presença física do analista, e de supor que o paciente lhe atribui a onisciência. Isso pode ocorrer, mas nesse caso se deve ter o cuidado de verificar que não se está na presença de uma psicose alucinatória. Há psicoses desencadeadas pela experiência analítica, a partir do que, efetivamente, a transferência aí funciona. Funciona, de algum modo, em estado puro. O paciente está convencido de que o analista conhece seus pensamentos, e até os fomenta em sua cabeça. Mais ou menos isso foi o que ocorreu com Schreber em sua transferência com o professor Fleschig. Enquanto provocada pela psicanálise, a psicose alucinatória nos faz ver, em estado puro, a emergência do sujeito suposto saber de maneira aterradora, posto que o terapeuta se converte no Outro emissor dos próprios pensamentos do sujeito, converte-se na referência do que o psiquiatra Clérambault – que Lacan reconheceu como seu mestre em psiquiatria – chamou de automatismo mental. Não sei se esse termo, que é clássico na clínica francesa, é aceito na clínica psiquiátrica latino-americana. Para deixá-los na beirada dessa teoria do sujeito suposto saber, vou, de todos os modos, indicar-lhes por que caminho foi introduzida por Lacan.

Que implica a posição assumida pelo psicanalista de convidar o paciente a dizer tudo e qualquer coisa? Com isso lhe diz ao mesmo tempo: "Diga tudo, qualquer coisa, isso sempre vai querer dizer algo." Dá ao paciente a garantia de que não se fala à toa. Garante a psicanálise, e deve ser dito que aí há, fundamentalmente, uma impostura, uma impostura consubstancial com a psicanálise, uma impostura em obra. Quando se constrói com a psicanálise uma nova igreja mundial que censura, que se incha como uma multinacional, uma ITT da psicanálise, muito se está acrescentando à impostura; o exercício da psicanálise faz, pelo contrário, vacilar todos esses semblantes. A força de Lacan está em ter continuado invariavelmente seu trabalho, apesar da grotesca excomunhão de que foi vítima pelos centros de poder instalados dessa internacional, encontrando seu fundamento no exercício autêntico de sua prática, que é hoje ineliminável do discurso da psicanálise, e que – no momento em que a psicanálise decai nos Estados Unidos – encontra uma expansão na França, uma importância incomparável com a decadência inglesa e norte-americana. A tal ponto que, se em Paris a Escola Freudiana de Lacan se tornou a mais importante, é porque os pacientes iam lá – e os analistas os seguiram.

Há uma impostura que é congênita na psicanálise. Que é o psicanalista? É alguém que está lá para pôr a impostura em obra, apenas por sua posição. Garante ao paciente que o trabalho sem lucro, no vazio, esse trabalho profundamente contraditório com a ética da nossa sociedade capitalista, no sentido do capitalismo que agora se estende por todo o planeta sem qualquer exceção, quer dizer, a exigência de rentabilidade na atividade, garante que tudo o que a gente faz serve para alguma coisa, quer dizer, para alguma outra coisa. O psicanalista está lá para garantir ao paciente que esse exercício sem lucro quer dizer alguma coisa, mesmo antes que se saiba o quê. É nessa articulação delicada e puramente lógica que Lacan vê o fundamento mesmo dos fenômenos que são dados depois como os da transferência.

É evidente que só lhes dei uma pequena visão da teoria do sujeito suposto saber. Mostro-lhes como uma argúcia, no sentido de Freud, um Witz. Acho que poderei, da próxima vez, desenvolver a articulação e as consequências do sujeito suposto saber.

5. A TRANSFERÊNCIA. O SUJEITO SUPOSTO SABER

PROPONHO-ME A FAZER, durante a próxima hora, uma exposição concentrada da teoria de Lacan sobre o sujeito suposto saber.

A convicção racionalista de Lacan é de que a transferência não é um milagre diante do qual o psicanalista deva ajoelhar-se. A teoria do sujeito suposto saber situa a transferência como consequência imediata da estrutura da situação analítica, quer dizer, como consequência imediata daquilo que Lacan chamou de discurso analítico; com esse termo, não se refere ao que o psicanalista relata, mas justamente à estrutura da situação analítica. Além disso, pode-se dizer da transferência – na medida em que esta tem como pivô o sujeito suposto saber –, que pertence à própria estrutura do discurso analítico. Também, se existe uma fenomenologia da transferência, cujos diversos aspectos Freud encontrou no transcurso do tempo e tentou ordenar, e que resumi em três palavras na conferência anterior – repetição, resistência, sugestão –, se existe, pois, essa fenomenologia matizada, diversa, da transferência, que sempre apaixonou os psicanalistas, o sujeito suposto saber de Lacan está situado como o fundamento transfenomênico da transferência. A questão aqui reside em se interessar mais pela estrutura da situação analítica, o que os psicanalistas têm uma irresistível propensão a esquecer. A estrutura da situação analítica coloca, em primeiro lugar, o analista em posição de ouvinte, ouvinte do discurso que ele estimula no paciente, posto que o convida a se entregar a ele sem omitir nada, sem consideração pelas conveniências, segundo o movimento que se denomina, um pouco por irrisão, livre associação – pois o postulado analítico é precisamente que essa associação é tudo menos livre e, pelo contrário, está cingida por leis essenciais.

Essa posição de ouvinte é só passiva? Obviamente, quem parece fundamentalmente em atividade na experiência analítica é o paciente. Mas se deve ver – e Lacan nunca cessou de insistir sobre este ponto, de diversas formas, cada vez mais lógicas – que o ouvinte, sua resposta, seu aval, sua interpretação decidem o sentido do que é dito e, ainda mais – aqui sigo precisamente o texto de Lacan –, a própria identidade de quem fala. A esse respeito, existe o que Lacan não vacila em chamar de um poder, o poder do analista sobre o sentido – o qual é correto para qualquer comunicação humana, para qualquer relação. Dessa forma, como falamos uns aos outros, podemos dizer que nos revezamos compartilhando o poder, e assim as comunicações se equilibram. Na psicanálise, pelo contrário, a própria estrutura da relação é dissimétrica, pois um entrega o material, enquanto o outro tem por função estrutural interpretar esse material, escutá-lo, recebê-lo, apreciá-lo, e, em certas ocasiões, interpretá-lo. A posição de intérprete do analista faz dele exatamente o que pode ser chamado – mesmo que se deva ser muito prudente com esta expressão – amo da verdade. Deve-se ser muito prudente com essa expressão e com o que ela recobre, pois implica a responsabilidade do analista, responsabilidade essencial que constitui a dignidade da sua função. Por isso Lacan pode escrever que o analista duplica o poder discricionário da palavra. É uma frase que cito – tive a ocasião de comentá-la, em todos os seus detalhes, no seminário do qual participo aqui – por ser esse um ponto decisivo da teoria de Lacan.

É um ponto decisivo de Lacan, mas posso dizer que não escapa aos que têm um sentimento profundo das propriedades da linguagem. Lendo neste fim de semana o livro de Rosenblat *Buenas y malas palabras en el castellano de Venezuela*, encontrei esta frase bem lacaniana: "Quem fala está pendente do interlocutor porque as palavras se tingem com o que o ouvinte diz, e não se sabe aonde podem chegar as palavras." Não está dito, evidentemente, com termos de Lacan, mas se trata de alguém que tem o verdadeiro sentimento do que é o campo da linguagem, que se aproxima muito dessa estrutura fundamental.

A transferência, apreendida em seu fundamento, não é outra coisa senão a instituição dessa relação mesma. Citei-lhe na vez anterior a expressão de Nunberg, *the readiness to transference*, com a qual tenta reter um ponto que, parece-lhe, precede a fenomenologia da transferência, que torna possíveis todos esses fenômenos tão diversos, contraditórios e matizados da fenomenologia da transferência. Lacan retoma essa expressão de Nunberg, essa "abertura à transferência" que, de certo modo, inaugura a própria relação analítica. Para Lacan, existe abertura à transferência pelo fato – e é isto o importante – pelo fato único de que o paciente se coloca em posição de se entregar à livre associação. Coloca-se na posição de buscar a verdade sobre si mesmo, sobre sua identidade, sobre seu verdadeiro desejo. Onde busca a verdade? Busca-a, diz Lacan, no limite de sua palavra, e o limite de sua palavra está aí, no analista enquanto grande Outro, ouvinte fundamental que decide a significação – e é por isso que seu silêncio é tão essencial, seu silêncio que dá lugar ao desdobrar da palavra, e que não se deve precipitar a satisfazer a demanda do paciente, que é a demanda de: quem sou? qual é meu desejo? que quero de verdade?

Temos aí a base da relação analítica, e Lacan formalizou, de modo extremamente simples, elementar, a célula constitutiva dessa relação. É uma formalização relacionada com a questão da transferência, que não posso deixar de escrever no quadro. É uma estrutura que encontramos em todos os escritos de Lacan, do princípio até o fim, inicialmente de forma implícita, e depois na forma estilizada que vou desenhar no quadro, que pode lhes servir, poderia dizer, de memorando desta conferência.

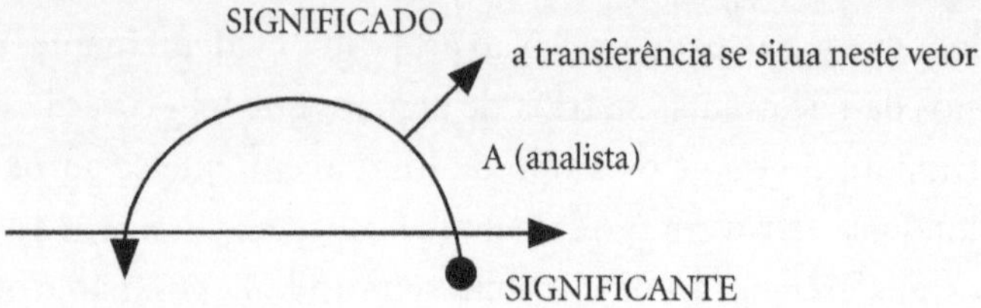

Esse esquema pode ser lido de diferentes formas; podemos contentar-nos aqui em lê-lo do seguinte modo: A é o primeiro eixo, o eixo do significante; no segundo eixo, escrevemos o significado e colocamos o analista nesse ponto – ao mesmo tempo como aquele a quem se dirige o significante e na medida em que é aquele que, retroativamente, decide acerca da significação do que lhe é dirigido. E aqui, no grande A, colocamos o analista que funciona como o sujeito que se supõe que sabe o sentido. Como podem ver, as pessoas que imaginam que Lacan é complicado se equivocam. Esse é um esquema especialmente forte, que tem na obra de Lacan um valor polimorfo, polivalente; estou convencido de que, a partir do momento em que o escrevam, poderão utilizá-lo com toda a simplicidade. É muito forte em sua simplicidade, não é fácil quebrá-lo e é possível complicá-lo muito: podemos perguntar-nos o que colocamos neste lugar, nomear este ponto e aquele outro, multiplicar e desdobrar o esquema, Lacan fez isso, mas vocês têm aqui a célula básica e, sem ela, o próprio termo sujeito suposto saber se torna difícil de apreender na teoria de Lacan. A ideia inicial, e o próprio termo inconsciente corresponde a esta ideia, é que o saber que se vai elaborar na experiência analítica, em certo sentido, já está aí, o próprio termo inconsciente remete a esse já-aí da rede de significantes. A partir disso se funda a demanda do paciente. O diagnóstico é uma função essencialmente médica, uma função psiquiátrica, enquanto a experiência analítica só é possível sobre o pano de fundo da suspensão do diagnóstico. Essa é a reserva que

Freud formula ao aconselhar o analista a recomeçar, com cada caso, como se fosse o primeiro. Segundo esse ponto de vista, há um desvanecimento do saber já constituído, necessário para que comece, de modo autêntico, a experiência analítica – o que mostra que o psicanalista não se deve deixar enganar por esse efeito de sujeito suposto saber intrínseco à experiência analítica. Voltarei a esse ponto mais tarde. O psicanalista não deve identificar-se com o sujeito suposto saber: o sujeito suposto saber é um efeito da estrutura da situação analítica, o qual é muito diferente de se identificar com essa posição.

Disse isto na última vez: não se observa forçosamente que o paciente comece a crer e a dizer que o analista sabe tudo o que lhe concerne. O que se pode observar muito bem, e é o que observa Nunberg quando fala da abertura à transferência, é – pelo contrário – uma de-suposição de saber por parte do paciente com relação ao analista, ou como diz Lacan, um certo modo de verificar que o hábito não cai bem no psicanalista.

Por outro lado, o que se observa de maneira muito pura é a emergência aterrorizante do sujeito suposto saber quando a experiência analítica desencadeia uma psicose alucinatória crônica, na qual o psicanalista encarna realmente o sujeito suposto saber tudo o que se refere ao paciente, e é imaginado por este como possuidor dos fios que movem a marionete. Temos aí uma emergência real do sujeito suposto saber, e essa teoria permite explicar esses efeitos que conhecemos, esse efeito de desencadeamento psicótico que se produz pela própria entrada na experiência analítica.

Em um dicionário médico do século XIX, aliás, encontrei um parágrafo no qual se explica como reconhecer um paranoico; ao começarem a interrogá-lo, ele lhes dirá imediatamente: "Por que me interroga se você já sabe tudo de mim?" Sem dúvida, é um truque um pouco simples, mas nos permite sentir que vemos na psicose, de maneira real e aterrorizante, o rosto do sujeito suposto saber.

Essa posição – façamos um parêntese – não é uma crença, não se trata aqui de um sentimento do sujeito. Trata-se de uma suposição de estrutura, que se pode traduzir pelo fenômeno exatamente oposto. Isso é difícil de entender – mas o é tanto em Paris como aqui, pois fiz esta advertência, há pouco tempo, na Escola Freudiana de Paris –, porque existe a tendência a confundir, a que se superponham a dimensão fenomênica e a dimensão estrutural.

Esse esqueminha simples explica muito bem o que pode aparecer como modalidade fundamental da cura analítica, como Freud chegou a falar da transferência como emergência de uma nova significação de conjunto da neurose e de todos os sintomas. Afinal, foi Freud mesmo, e não Lacan, quem falou de significação da transferência. Coloco então a transferência nesse eixo, a significação da transferência se produz sobre esse vetor – e é nesse sentido que a transferência é a própria relação da cura, é o tempo mesmo da psicanálise. A transferência é, simultaneamente, o tempo da experiência e a elaboração, o trabalho da experiência analítica na medida em que tem como pivô, nessa posição, o Outro. Evocamos o termo pivô; temos aqui, de forma localizada, o lugar desse pivô. O analista como o grande Outro, onde se constitui a *Bedeutung*, a significação. Evidentemente, a transferência tem nesse sentido um caráter ilusório, e é por isso que ela se presta a ficar reduzida apenas à sua dimensão imaginária. Poderíamos dizer que o traço que une os três aspectos que distingui na vez anterior, a transferência-repetição, a transferência-resistência e a transferência-sugestão, é a transferência-amor. É por isso que se pode tentar explicar a transferência em sua dimensão imaginária, que sem dúvida existe – a primeira teoria de Lacan sobre a transferência é uma teoria da transferência como fenômeno imaginário, quer dizer, a transferência como amor, como paixão. É engraçado que no primeiro seminário de Lacan, de 1954 – que versa sobre os Escritos Técnicos de Freud, ou seja, sobre os textos que enumerei na primeira conferência, na qual os examinei a partir de sua teoria posterior –, esteja presente esta frase em que encontramos o mesmo termo "pivô", que dez anos mais tarde aparece com relação ao sujeito suposto saber. Em 1954, Lacan dizia que o fenômeno de carga imaginária cumpre, na transferência, um papel pivô. Dez anos depois atribuirá esse papel de pivô ao sujeito suposto saber, exatamente nos mesmos termos.

Que leva a situar a transferência na dimensão imaginária? É que a transferência se apresenta como amor e há, em Freud, uma teoria narcisista do amor. É o que se vê, por outro lado, quando se tenta colocar em primeiro plano a teoria da transferência-contratransferência. Mesmo havendo grandes desvios na teoria e na técnica psicanalíticas que centram tudo na contratransferência, pode-se decifrar essa teoria de forma positiva, já que é uma forma tosca de perceber a existência desse valor vetor retroativo, retrógrado, que figura nesse esquema, em sua estrutura.

Em relação à contratransferência, decerto, deve-se obviamente desconfiar da contratransferência positiva demais, o que equivale a desconfiar do desejo.

A simpatia não é necessária na experiência psicanalítica, e talvez até seja melhor um pouco de contratransferência negativa. Se a transferência é amor, não se trata simplesmente de que o analisante ame o analista, mas sim de que deseja ser amado pelo analista, quer dizer, se apresenta e tende a se apresentar, de um modo ou de outro, como amável. Isso é o que pode introduzirnos no fato de que o analista ocupa a posição do Ideal do eu, na medida em que esta é diferente da posição do eu Ideal.

A posição de Ideal do eu é o ponto a partir do qual o sujeito se vê como amável, a partir do qual se vê como eu Ideal. Não tenho tempo agora para me deter nessa teoria de Lacan que distingue as funções do Ideal do eu e de eu Ideal. O eu Ideal é uma função imaginária, enquanto o Ideal do eu é uma função simbólica. Lacan construiu um esquema, que se funda nas translações de um espelho e é mais complicado que este, para explicar essa diferença, que esclarece textos muito densos de Freud. A partir disso, a teoria imaginária da transferência-amor pode ser levada a esse ponto essencial que é a teoria simbólica da transferência, a qual se apoia no que Lacan chamava, a princípio, de "pacto analítico". Freud mesmo utilizou um termo extremamente perigoso: "a aliança analítica", termo este que fez muitos estragos na história da psicanálise e ao qual voltaremos depois.

O engraçado é que, ao mesmo tempo em que desenvolvia essa teoria imaginária da transferência – em seu começo –, Lacan já havia reservado, a partir de seu Discurso de Roma (1953), o lugar do sujeito suposto saber, ainda que só tenha podido descobrir isso retroativamente, obedecendo assim a seu próprio esquema. Escreve dois parágrafos que o levam a pôr uma nota em 1966, em que explica: "Encontra-se então aí definido o que depois designamos como o suporte da transferência: o sujeito suposto saber." ("Função e campo da fala e da linguagem em psicanálise", in *Escritos*).

Foi necessária uma retroação de dez anos para que se apercebesse do que tinha escrito. Diz: "Sem dúvida ele não tem, quanto a si, que responder por esse erro subjetivo que, confesso ou não em seu discurso, é imanente ao fato de que ele entrou em análise, e que concluiu seu pacto principal" (ibid.).

O que Lacan chama aqui de erro subjetivo imanente à experiência analítica é precisamente a ilusão do paciente, a ilusão fundamental, estrutural, de que seu saber – o saber do inconsciente – já está todo constituído no psicanalista. Diz: "E menos ainda se poderia negligenciar a subjetividade desse momento, tanto que nele encontramos a razão do que se pode chamar de efeitos constituintes da transferência enquanto se distinguem, por um índice de realidade, dos efeitos constituídos que os sucedem" (ibid.). A diferença que Lacan aí estabelece entre os efeitos constituintes e os efeitos constituídos é a que eu lhes apresentei distinguindo os fenômenos de transferência, que são constituídos, e seu fundamento transfenomênico, que é constituinte desses efeitos. É singular que essa análise tenha ficado como um ponto de espera no discurso de Lacan, que só encontrou seu emprego dez anos mais tarde, em um ponto muito preciso: a teoria do sujeito suposto saber. Isso nos permite esperar que haja numerosos pontos de espera no discurso de Lacan, que necessitam de leitores precisos e convencidos para poderem ser desenvolvidos e utilizados.

A meu entender, a teoria de Lacan está só no começo. Como na de Freud, ainda existe uma mina nesse discurso. Não quero dizer que Lacan seja o Eldorado, mas ainda há muito para recolher. Para o paciente, esse pacto analítico consiste, no fundo, em se oferecer à interpretação; quer dizer, pelo próprio fato de entrar na experiência analítica ele consente na posição do analista como Outro, e é por isso que eu dizia que podemos encontrar em Freud o começo da teoria do sujeito suposto saber, em seu texto sobre o início da análise nos *Escritos sobre a técnica*.

Que é que Freud chamou de "regra fundamental da análise", a qual sempre situou, da qual deu diferentes formulações, mas cujo caráter operatório e fundamental sempre sublinhou? A experiência da análise supõe a liberdade em que se deixa o sujeito em suas associações. Há um ponto que não pode ser eliminado do discurso do psicanalista ao seu paciente – é aquele que consiste na fixação dessa regra original. Essa regra principal é a de associar livremente, renunciar a qualquer crítica, a qualquer regra – já tem então um caráter paradoxal –, a de confiar no que Freud chama "O que vem à mente", naquilo que, em sentido etimológico, é o "caso".

A respeito disso, há uma exortação psicanalítica: "Diga sempre, depois veremos." No fundo, a presença do analista é uma prova da confiança que este tem no inconsciente, ou seja, que isso sempre associará. Há aí, no momento original, uma demanda do analista: a demanda de dizer o que não quer dizer nada, estando seguro de que isso sempre vai querer dizer alguma coisa.

Podemos, nesse sentido, chamar a transferência de transferência do sem-sentido à significação, promessa de significação. Assim percebemos por que Lacan pode dizer que a situação analítica histeriza o sujeito que entra em análise: precisamente porque sua menor palavra, sua mínima produção é imediatamente valorizada pela própria experiência analítica. É valorizada da forma mais material do mundo, pelo preço; é engraçado, o sujeito tem que pagar por suas próprias produções. Este é o achado da psicanálise: fazer pagar o trabalho por quem trabalha, no que é melhor do que o capitalista.

No fundo, é aí que está o sujeito suposto saber. Conhecem a fórmula de Freud, que a princesa Marie Bonaparte – ou talvez Ana Bergman – traduziu como "o eu deve ocupar o lugar do isso", traduziu pois segundo o modelo "sai daí que eu vou entrar". Lacan, pelo contrário, deu a essa frase de Freud um valor mais essencial, e a traduziu de diferentes maneiras ao longo de seu discurso. Eu posso tentar traduzi-la de outro jeito, com relação ao sujeito suposto saber: *Lá ou ça était* (*ça ne veut rien dire*); aí onde isso estava (isso não quer dizer nada), eu sei o que deve ser, o que deve advir. Isso nos permite perceber a dimensão racionalista essencial da experiência analítica. A experiência analítica (e temos que passar por cima de muitos dos discursos dos próprios analistas para percebê-lo) é profundamente laica. Enquanto nas experiências antigas – as que buscam o conhecimento mais profundo do sujeito – há sempre um tempo de concentração, de meditação, um convite a entrar em si mesmo, purificar-se, não encontramos nada disso na experiência analítica. Se ela promete ao sujeito uma verdade acerca de seu desejo, é em um contexto que não implica qualquer desses aspectos de purificação, de concentração. Pelo contrário, é uma cerimônia, um ritual, porém fixo; podemos dizer que implica uma regularidade quase burocrática, voltar à mesma hora um certo número de vezes por semana e, ao invés de o sujeito ter que se concentrar previamente, deve, pelo contrário, entregar o material sem preparação alguma.

Deve-se notar o que implica essa extraordinária operação; ela se opõe a todos os antigos ensaios de descobrimento da verdade do sujeito. Efetivamente, é com a regra fundamental que Freud traça um corte na história do pensamento, cujo precedente é impossível encontrar. E uma vez disposto o sujeito a dizer qualquer coisa, como por acaso, a presença do analista atesta que ele assume sobre si o princípio que está na base da ciência: que tudo, inclusive o que ali se diz de um jeito qualquer, tem uma causa.

O inconsciente, na medida em que é posto em ação na experiência analítica, na medida em que o sujeito é convidado a dizer o que lhe passa pela cabeça, mobilizado – ou melhor, imobilizado – por essa experiência, implica este axioma que ninguém formulou antes de Lacan a propósito da experiência analítica, mas que de todos os modos funciona como suporte dessa experiência: "Tudo tem uma causa." É um princípio essencial do pensamento científico, e foi formulado em um momento muito preciso de sua história, quando Leibniz formulou seus dois princípios: "nada é sem causa" e também, em sua forma positiva, "tudo tem uma causa".

No fundo, isso constituiu um corte radical na história do pensamento. Heidegger, decerto, dedicou um livrinho a esse axioma chamado *O princípio da razão suficiente*, no qual o analisa detalhadamente, pois sua formulação constitui um corte na história da filosofia, livro que consagra à emergência deste discurso – diverso do discurso analítico, mas que não deixa de ter relação com ele –, o discurso da ciência.

Há uma espécie de determinismo implícito na experiência analítica que implica, se quiserem, o começo de uma espécie de ato de fé na racionalidade de tudo o que se produz; o psicanalista é aquele que se consagra a sustentar esse ato de fé, a partir do qual o analisante pode trabalhar.

Voltaremos mais tarde a essa diferença entre o analista e o analisante no ato e no trabalho analítico. Mas antes gostaria de tentar mostrar-lhes as consequências que teve a identificação do analista com a posição do Outro na história da psicanálise. A posição do Outro é uma posição de amo,[17] e o psicanalista se identificou, satisfeito, com o amo, o mestre, aquele que exorta, que demanda, o Outro poderoso e onisciente – o que lhe permite não saber grande coisa. Há um contraste extraordinário entre a fatuidade do analista e a ignorância, bastante generalizada, que lhe permite continuar prolongando essa situação.

Essa identificação do analista com o Outro gerou uma teoria essencial, dominante na área de influência anglo-saxônica, que situa o analista como supereu do paciente.

É muito interessante essa teoria, cujos excessos atualmente se apagaram um pouco, mas que continua presente e atuante nos psicanalistas não lacanianos (acho que é diferente entre os kleinianos). É uma teoria interessante, pois mostra que todos os teóricos da experiência analítica realmente sérios se viram obrigados a adjudicar um lugar, no inconsciente, para o analista. Sem isso, não se poderia entender de que modo o analista opera. Assim, o que eu lhes formulava como uma proposição lacaniana – o analista é uma formação do inconsciente – impõe-se a todo teórico sério da psicanálise.

Essa teoria implica, primeiro, que o analista deve ocupar o lugar do supereu e, depois, que o analisante deve identificar-se com ele; a cura é, assim, o processo de identificação do analisante com o analista como supereu. Uma fantasia[18] está desenvolvida aí: a de que o analista, a partir de sua posição supereu-oica,[19] poderá insinuar valores verdadeiramente positivos no eu do sujeito. A cura apresenta-se então, sobretudo, como uma espécie de educação, uma educação por sugestão do paciente; e o analista simplesmente se oferece, ele mesmo envolvido na experiência, como a verdadeira medida da realidade, como aquele que sabe o que a realidade deve ser e que, através de seu prestígio supereu-oico, deve levar o sujeito a se situar no mesmo nível da realidade. Quer dizer que, muito ingenuamente, o psicanalista constituiu-se como o *nec plus ultra* da experiência universal. Nesse sentido, a cura converte-se em uma empresa de doutrinamento que tem por consequência o esmagamento da dimensão própria de um desejo fundamentalmente irredutível. Isso, o psicanalista não o consegue; tem tempo, porém, para causar suficientes danos. A psicanálise pode ser, então, um verdadeiro combate contra esse esforço de doutrinamento por parte do analista, o qual se fortalece ao se proteger na teoria psicanalítica constituída e nos seus próprios preconceitos sobre todos os assuntos deste mundo, empresa à qual o desejo do paciente tenta resistir. Essa é a resistência que não se deve esquecer, a boa resistência, a resistência que os psicanalistas descobriram quando enfocaram a análise como doutrinamento e exercício da demanda do psicanalista. Encontraram a resistência do desejo.

Lacan deixou de ler, faz alguns anos, os psicanalistas do *International Journal*; nós continuamos, e fazemos a crônica dessa leitura em nossa revista *Ornicar?* – em parte para conservar o contato. Lacan deixou de lê-los, porém os leu, os leu muito precisamente, tanto os grandes quanto os pequenos textos da história da psicanálise no *International Journal*, foi acompanhando as indicações que se encontram nesses textos. Analisei, no curso que dei sobre a transferência, todos os textos dedicados à teoria do analista como supereu. Não sei se ainda se lê alguém como Richard Sterba, que formula uma teoria acerca da dissociação terapêutica do eu. Em certos textos antigos, que tenho aqui, Sterba baseia a experiência terapêutica da cura na capacidade de dissociação do eu, e diz: "Essa capacidade dá oportunidade ao analista de fazer uma aliança com o eu contra as forças do instinto e do recalque e, com a ajuda de uma parte do eu, tenta vencer as forças contrárias."

Que é então a experiência analítica? É uma bipartição constante do eu? Isso se parece um pouco com o paradoxo de Zenão: pega-se o eu, corta-se-o em dois, há uma parte boa e uma parte má; se nos apoiamos na boa, ganhamos da má, e então tornamos a cortar em dois, voltamos a fazer isso, e continuamos assim. Segundo Zenão, jamais se deterá o processo. Sterba termina dizendo qual é o modelo desta dissociação terapêutica do eu no paciente. A resposta, diz ele, é que se trata do processo de formação do supereu mediante uma identificação do analisante com o analista. Avaliações e juízos são recebidos no eu, e começam a produzir efeitos em seu seio.

Não sei se veem o que implica essa concepção da psicanálise, mas podemos admitir que o termo "abjeção", de Lacan, se ajusta bastante bem a esse tipo de teoria, a qual não deixa ao paciente outra saída senão tomar seu analista como modelo pronto de perfeição, e introjetá-lo. O psicanalista se oferece assim como uma hóstia, a hóstia sagrada que o paciente deve mascar e mascar. Não vou entrar nos detalhes, pois é bastante fácil imaginar essa manducação imaginária em que o analista se torna o alimento de seu paciente, e a cura se converte no relato de uma paixão cristã. O engraçado é que esta teoria toma forma em torno de 1920. O artigo de Sterba é de 1934. Há, ao mesmo tempo, um artigo muito interessante, também de 34, do jovem Strachey, o eminente e notável tradutor de Freud, a quem devemos a melhor edição existente, a Standart Edition, superior até mesmo à edição alemã. Strachey escreve o seguinte: "o supereu do paciente ocupa uma posição-chave na terapia analítica. É uma parte da mente do paciente na qual uma alteração favorável seria suscetível de provocar uma melhora geral, e é também uma parte especialmente submetida à influência do analista." Também nos faz entender de onde provém essa teoria, que não deixou de influenciar a concepção analítica da transferência. Provém exatamente de Freud, do Capítulo VIII de *Psicologia das massas e análise do eu*.[20] Vocês sabem que esse capítulo é do período em que Freud elabora sua segunda tópica, que dará lugar a tantos mal-entendidos sobre a experiência analítica. Em *O eu e o isso*[21] e em *Psicologia das massas*, há certos parágrafos que embaraçaram muito Freud quando viu como tinham sido entendidos. Nesse Capítulo VIII, então, como sabem, Freud distingue entre uma identificação consecutiva à perda do objeto – a perda do objeto traduzindo-se pela introjeção do mesmo no eu e por uma alteração parcial em sua estrutura –, e uma identificação pela qual o objeto é colocado no lugar do Ideal do eu. É esse tipo de identificação que explica a colocação dos eu em série, sua identificação recíproca em organismos como o Exército ou a Igreja. Ele insiste no fato de que essa identificação recíproca supõe a identificação comum desses eu com um elemento externo, um objeto colocado no lugar do Ideal do eu de cada sujeito. Creio que estou evocando aqui algo que é familiar aos que leem Freud. É por essa identificação com o objeto posto no lugar do Ideal do eu que Freud explica fenômenos como o amor e, sobretudo, a hipnose, a sugestão. Então, o Ideal do eu não é exatamente o supereu; ainda que suas funções se superponham parcialmente, teríamos que distingui-los com muito cuidado.

Mas que fizeram os psicanalistas a partir desse texto de Freud? Um artigo de Sandor Rado deu o sinal de partida nesse processo. Rado publicou só a primeira parte desse artigo; a segunda, nunca. Nesse texto, Sandor Rado inventou algo extremamente grave para o desenvolvimento da história da psicanálise. Estamos em uma época em que havia certa desorientação entre os psicanalistas com relação a certos questionamentos sobre a técnica analítica, como evoquei na conferência anterior. Foi para responder a esses questionamentos que Freud elaborou sua segunda tópica, pois a psicanálise estava em difícil situação conceitual e prática, e os analistas tentavam conceituar o próprio processo da psicanálise. Vemos então, nessa época, muitos artigos sobre o tema e, em 1925, Sandor Rado se propõe estudar o que chama "o princípio econômico na técnica analítica". Nunca chegou ao final, pois só fez a primeira parte de seu estudo, na qual – em vez disso – fala da hipnose. Nunca fez a segunda parte, sobre técnica psicanalítica. Que diz? "Podemos dizer que existe, estabelecida no eu da pessoa hipnotizada, uma representação ideacional do hipnotizador; se essa representação consegue atrair os laços naturais do supereu, o hipnotizador – de objeto exterior que era – é promovido à posição de supereu parasita." Isso ainda segue relativamente Freud, ainda que fale de supereu e não de Ideal do eu.

Em 1934, com Strachey, em que se transforma? Strachey diz o seguinte: o paciente em análise tende a centrar o conjunto de suas funções sobre o analista, mas tende, sobretudo, a aceitar o analista como substituto de seu próprio supereu, e acrescenta: "Creio que neste ponto podemos usar, modificando-a ligeiramente, a acertada expressão de Rado com relação à hipnose, e dizer que o paciente tende, na análise, a fazer do analista um supereu substitutivo, parasita."

A teoria que Freud elaborou especialmente para dar conta de algo muito diferente da experiência analítica, a hipnose, foi usada pelos psicanalistas, a partir de 1934, para explicar a própria operatividade da psicanálise. Devo dizer que não se trata apenas de zombar desse erro de leitura, dessa desorientação que os levou a se aferrarem à teoria freudiana da hipnose para entender algo da psicanálise, pois – efetivamente – por aí aprendiam algo sobre a posição do psicanalista em A. Era, do jeito deles, um modo de perceber que o psicanalista está no lugar do Outro, só que considerando que deve se identificar com essa posição e que, por essa via, o paciente deve identificar-se com ele. Era necessário ter perdido o sentido do descobrimento de Freud para se chegar a isso, pois o supereu freudiano nada tem a ver com uma função normalizante e legal.

Uma das bases da diferença entre Ideal do eu e supereu é que o Ideal do eu, em Freud, implica efetivamente certas funções de assunção normalizante do sexo, coisa que o supereu não implica de modo algum. Quem o mostra muito bem, mais uma vez, é Franz Alexander, que sempre esteve mais perto da inspiração freudiana, e devo dizer que – apesar das suas divergências – foi amigo de Lacan. Alexander escreveu, em 1925 – vejam que estamos sempre nos dez anos decisivos, entre 1925 e 1935 –, um artigo muito bonito no *International Journal* nº 1, chamado "Uma descrição metapsicológica do processo da cura". Alexander fala também, evidentemente, da ocupação pelo analista do papel de supereu. Mas temos nesse artigo um sentimento muito preciso do que é o supereu em Freud. Diz: "Não se deve pensar que o supereu é o órgão da adaptação à realidade, não devemos pensar que o supereu é a lei." Em sua linguagem, diz que é um código legal porém arcaico, que preserva muitas adaptações no sujeito, mas adaptações completamente inadaptadas à sua situação real; de modo algum é uma instância que tenha acesso à realidade. Pelo contrário – o supereu cumpre sua tarefa de forma automática e com a monótona uniformidade de um reflexo. Ele vê muito bem o vínculo entre o supereu e o automatismo de repetição; não é uma função de adaptação, e sim de inadaptação no sujeito.

Freud relaciona o supereu com a organização dos sintomas do sujeito. Diz também, de maneira divertida, que embora o supereu possa ter informações sobre a realidade, tais informações são *out of date*, superadas, e é isso que ocasiona os sintomas neuróticos. Em outras palavras: essa função, que Alexander compreendeu bem como sendo a raiz do sintoma, converte-se em 1934, nove anos depois, na própria posição que o analista deve ocupar para levar o paciente ao nível da realidade.

Considero essa demonstração a partir de textos muito difícil de refutar. O supereu freudiano tem exigências completamente incoerentes; de modo algum é um todo harmonioso – é uma lei, uma ordem, mas o é na medida em que é impossível para o sujeito respeitá-la. Se é uma lei, é uma lei com todo o seu valor irracional, uma lei terrível.

Lacan é muito fiel à posição do supereu nos textos de Freud, ele fala da figura obscena e feroz do supereu. O supereu é, em Freud, uma função impossível de satisfazer; não é da ordem de "se se faz tudo o que o supereu quer, vai tudo bem". Pelo contrário: o supereu nunca fica satisfeito.

É assim que emerge nos textos de Freud. É uma instância que exige sempre mais, e não se deve pensar que – dado o caso – atingir o êxito modera o supereu. Freud o disse: não há nada mais perigoso, em certas ocasiões, do que o êxito, e refletiu precisamente sobre aqueles que são destruídos pelo êxito – o êxito pode muito bem ser inassimilável. Lacan, quanto a isso, fala da gula do supereu, do supereu que nunca está satisfeito. Efetivamente, é pelo fato de que a exortação do supereu implica essa insaciabilidade, uma impossibilidade intrínseca de satisfação, que Lacan formulou assim o imperativo do supereu – o supereu não diz: "Triunfa!"; o supereu formula este imperativo impossível: "Goza!"

Esta manhã descobri que no espanhol próprio da Venezuela não há uma oposição entre prazer e gozo. Tratem de admitir a diferença entre prazer e gozo, no sentido de Lacan.[22] O gozo está além do princípio do prazer, e como tal é impossível obtê-lo de forma plena – perceberão o humor que existe no fato de formular o imperativo do supereu como um imperativo de gozo.

Freud - devo dizê-lo - foi equívoco em relação aos processos terapêuticos da cura. Ele mesmo, efetivamente, formulou nos textos dos anos 1930 o processo analítico como um processo de aliança do terapeuta com o eu, mas ao mesmo tempo notou perfeitamente os desvios flagrantes que se produziam em sua teoria por volta de 1935. Por isso, os textos que escreveu em 1937 e 1938 - *Análise terminável e interminável*, *Construções em psicanálise* e *Esquema da psicanálise*[23] - debatem-se com as contradições que acabam de se manifestar em grande número. A cura não consiste, de modo algum, em obter essa manducação progressiva do psicanalista pelo paciente, e sim em obter o que Lacan, em outro lugar, denomina "o pacto originário da psicanálise". É verdade que a psicanálise supõe o consentimento do paciente, que está baseado em sua liberdade. Freud, quando fala do caso da jovem homossexual, imputa os problemas que encontrou nessa análise precisamente ao fato de que foi uma psicanálise impulsionada pela família, e não por vontade própria. A emergência do sujeito suposto saber supõe o respeito à regra analítica. Nesse sentido, há efetivamente pacto, aliança. Mas se traduzimos isso pela manducação do analista pelo paciente, contra as forças do instinto que se tenta reprimir e vencer progressivamente, obtemos, pelo contrário, essa definição que preocupava Freud. Vemos Freud admitir essas alianças em seus textos, mas ao mesmo tempo diferencia totalmente a psicanálise e a sugestão, em oposição à inspiração dessa gente. Em 1935, por exemplo, escreve: "Posso afirmar que jamais caí em tal abuso, de sugestão, no decorrer de minha prática." Diz, no *Esquema da psicanálise* - que não é o melhor de seus textos, mas o mostra preocupado com esses desvios -, especialmente no Capítulo VI, "Técnica da psicanálise": "Se o paciente coloca o analista no lugar de seu pai ou de sua mãe, lhe dá também o poder que o supereu exerce sobre o eu. Esse novo supereu tem agora ocasião de realizar uma espécie de pós-educação do neurótico, pode corrigir erros dos quais os pais foram os responsáveis, quando o educavam."

Assim, admito que há algo de certo na posição que evoquei há pouco, no fato de que o analista ocupa o lugar do Outro e que, a partir disso, tem efetivamente uma posição de poder. Mas Freud acrescenta: "Deve-se advertir sobre o seu mau uso. Por maior que seja a inclinação do analista a se converter em educador, em modelo e em ideal para outros, a criar homens à sua imagem, nunca deve esquecer que essa não é sua tarefa na relação analítica, e que não cumpriria seu dever caso se deixasse levar por tais inclinações." Podemos dizer, então, que os psicanalistas não respeitaram de forma alguma essa advertência.

Vou remetê-los aos textos que foram publicados em 1950, no *International Journal*, ocasião em que os analistas fizeram um pequeno simpósio para tentar entender qual podia ser o objetivo final da psicanálise, e vocês verão que – com exceção de Melanie Klein – todos os que falam então formulam o objetivo da psicanálise didática como identificação ao analista. Dizendo de outra forma, o pecado que Freud precisava nesse texto – criar homens à sua imagem –, podemos dizer que os psicanalistas o cometeram.

O psicanalista deve ser digno da posição de poder que a experiência lhe dá. Há dois perigos para a psicanálise, dizia Freud: os sacerdotes e os médicos. Pois os médicos, desde as origens dos tempos, assim como os sacerdotes, estão em posição de abusar do grande Outro, são as figuras mais antigas e mais poderosas do sujeito suposto saber. Mas o analista, se ocupa o mesmo lugar, não deve usar do mesmo jeito o poder estrutural da relação. Por isso Freud travou esse combate, o que não impediu os analistas, que se diziam freudianos, de abandonar esse texto ao esquecimento. E um dos combates de Lacan, um dos combates que na França ele ganhou completamente, é o combate pela "análise leiga".

Hoje em dia, em todas as sociedades francesas de psicanálise, há não médicos aceitos, reconhecidos pelas associações. Esse combate não estava ganho em 1953, e foi uma das causas da primeira cisão do movimento psicanalítico francês.

O interessante é que, se não há análise sem o sujeito suposto saber, a função do sujeito suposto saber pode ser ocupada por qualquer um, a partir do momento em que se estabelece a relação. Não é necessário que esse saber seja científico, basta que haja algo que tenha "estrutura de saber". Tomemos o exemplo da medicina: a medicina surgiu muito antes de que existisse o discurso científico e encontramos, nas comédias de Molière, em seu teatro, a figura do médico enquanto sujeito suposto saber que não sabe nada.

O médico andou assim, durante séculos, pelo mundo. Durante um tempo, pôde-se pensar que havia acordo entre a medicina e a ciência, no século XIX e também em princípios deste século. Mas devemos saber que a medicina está, talvez, a ponto de desaparecer, devorada pela ciência. Tive ocasião, há pouco tempo, de me encontrar e discutir (para a revista *Ornicar?*) com o sucessor de Jacques Monod no Collège de France, que é um dos mais destacados cientistas franceses dedicados à biologia molecular, e que está esperando, como os demais, receber o Nobel, está na boa linha de sucessão. Pois bem; ele considera que os tempos da medicina terminaram, que os problemas que os médicos, com seu palavrório, se colocavam têm agora, no nível da biologia molecular, oportunidade de ser resolvidos. Nesse nível, o médico lhe aparece como um psicoterapeuta medíocre, que não age no nível molecular onde os fenômenos têm sua realidade. Percebemos assim a estrutura do porvir, podemos antecipá-lo: por um lado, os especialistas na estrutura molecular; por outro, os psicanalistas. Entre os dois, nada. É essa a paisagem que se está delineando.

Temos o testemunho, no próprio texto de Freud – no que alguns imaginam que foi sua autoanálise –, de que o saber científico não é necessário para produzir o efeito de sujeito suposto saber. Freud não fez autoanálise: o que analisou de suas formações do inconsciente, o fez durante muito tempo, como sabem, em referência a um sujeito suposto saber encarnado na figura de seu amigo Fliess. Não se entende como Freud, que era um espírito cientificamente tão preciso e minucioso, se pôde apaixonar pelas teorias de Fliess, que eram teorias delirantes. Como vocês sabem, Fliess construiu um sistema, absolutamente demente, fundado no nariz. Lacan o chama de "caçador de narizes", e publicamos na coleção de Lacan, que se chama Campo Freudiano, uma tradução do livro de Fliess. Detalhadamente o relemos: é um saber completamente elocubrado, que Freud respeitou durante anos. Vocês sabem que essa relação analítica com o sujeito suposto saber – Fliess – se rompeu efetivamente, e que depois Fliess passou por episódios que podemos qualificar de psicóticos.

Temos aqui o estatuto do sujeito suposto saber enquanto diferente da ciência, e o estatuto médico, como diz Lacan, é desde sempre um estatuto de mistificação, e só depois do casamento recente entre a medicina e a ciência é que o médico pôde escapar da mistificação. Mas o médico é uma figura muito antiga na história, que precede de muito a figura do cientista. Essa figura do médico cientista desaparecerá, talvez, já que a ciência parece seguir outro caminho.

Então, diz Lacan: "Essa mistificação do sujeito suposto saber", cito exatamente, "abriu o lugar em que o psicanalista se colocou desde então." Isso não deve tranquilizar os psicanalistas, pois a impostura está sempre próxima da experiência analítica: na medida em que o psicanalista se identifica com o sujeito suposto saber, cai, da mesma forma, na mistificação. Mas o psicanalista tem muitas dificuldades para se manter nos limites de sua experiência e nos limites do que pode saber por intermédio da palavra. Por isso, recorre muitas vezes a qualquer saber para tampar essa fenda, essa abertura que a linguagem traz consigo. Em certas ocasiões também pode, como lhes dizia na última vez, buscar a substância de sua experiência, substância desvanecente na linguagem, pode buscar essa substância até no feto.

Há contudo um sentimento justo nessa elocubração, que vale o mesmo que a de Fliess; o sentimento de que, afinal, a estrutura não pode ser deduzida, deve-se considerar sempre que já está aí.

Melanie Klein, por exemplo, projetou a estrutura nos primeiros anos de vida. Sempre podemos dizer: que pode ela saber disso? Fazia o lactente falar como um filósofo. Mas de fato, se Lacan sempre foi favorável a Melanie Klein, é porque ela tinha o sentimento justo de que a estrutura está sempre aí, desde a origem. Pode-se retroceder à origem e dizer que a estrutura está no feto, mas penso que se deve deixar a ciência do feto aos que têm o instrumental adequado para observar verdadeiramente o nascimento da vida, os biólogos, os que têm opiniões completamente precisas sobre o papel da estrutura nervosa a partir do nascimento. Que eu saiba, o psicanalista não é um radiologista, não observa o fundo dos olhos, não faz tomografias. Na última vez falávamos da linguagem visual, e é verdade que sonhamos. Quando sonhamos, sabemos como é para nós, e pensamos que é igual para os outros; quer dizer, vemos imagens. O que interessa ao psicanalista, o que interessou a Freud na *Ciência dos sonhos*, é o relato proporcionado pelo paciente de seu sonho; ele nunca se fascinou por uma realidade subjetiva que, por definição, não pode ser visualizada; por enquanto não podemos visualizar os sonhos dos outros. Nos relatos de ficção científica, isso se consegue; mas, na experiência psicanalítica, é por intermédio do relato verbalizado do paciente que se torna possível uma análise. Há também uma ciência que se ocupa de quem dorme, que cobre seu corpo com eletrodos e estabelece as diversas variações de seu corpo durante a noite.

A teoria da psicanálise, da experiência analítica, refere-se essencialmente a seu começo e a seu final. Como diz Freud, o desenvolvimento mesmo da partida é extremamente variável e – como no xadrez – o que pode ser estruturável é o começo e o final. Lacan, certamente, retoma essa comparação, e diz que a psicanálise é como o xadrez, tem aberturas e desenlaces, no meio as combinações são múltiplas demais, particulares demais, e não se pode falar delas da mesma forma.

O sujeito suposto saber, no sentido de Lacan, é a estrutura de abertura da partida, da entrada no jogo, e a questão é a do final da partida. Vemos claramente como os psicanalistas anglo-saxônicos dão o final da partida: é a identificação com o analista, é o momento em que o supereu obsceno e feroz consumiu finalmente o paciente, é a análise que poderíamos chamar de canibal. Isso explica por que os analisantes de um mesmo analista terminam se parecendo. De acordo com o princípio que Freud expõe no Capítulo VIII de *Psicologia das massas e análise do eu*, se vários de nós pomos o mesmo objeto no lugar do Ideal do eu, todos nos pareceremos em um traço essencial.

Frequento psicanalistas há muito tempo na França, e posso dizer que isso é verdade; com um pouco de prática, no caso de certos analistas, se reconhecem os pacientes que "analisaram", entre aspas, se os reconhece por um traço, como se usassem uniforme. Há um analista do qual se pode dizer que o resultado de sua cura é uma extraordinária inflação do narcisismo de seu paciente, uma agitação verdadeiramente específica. Ao me encontrar com um recém-chegado aos arredores da Escola Freudiana, que eu não conhecia, cheguei a pensar: "Este deve ser um analisante de fulano de tal", e era assim. Depois teve a feliz ideia de ir a Lacan, e devo dizer que essa inflação verdadeiramente especial, essa constante demanda de atenção para sua pessoa desinchou, uma vez em análise com Lacan. Era visível até externamente. Com certeza deve ter passado momentos difíceis. A identificação com o analista no final da análise é o ômega da teoria analítica, tal como ela se fixou em 1930.

Gostaria ainda de fazer duas observações: primeiro, que o analista tem a função de garantir a experiência analítica, quer dizer, intervém legitimamente enquanto Outro, enquanto amo, mestre, quando se trata de manter o marco da relação analítica; no seio desse marco, é o paciente quem realiza um trabalho, uma tarefa que leva tempo. O ato, enquanto simbólico, corresponde ao psicanalista, e consiste em postular o axioma "tudo tem uma causa". O trabalho, a produção, está do lado do analisante.

Lacan sempre promoveu a importância do silêncio do analista, que não deve considerar que a interpretação tenha que duplicar constantemente o discurso do paciente; não se trata de justapor um segundo texto ao primeiro e decifrar tudo, precisamente porque o poder da interpretação é enorme. Deve medir exatamente o poder de cada uma de suas palavras.

Seria demasiado longo desenvolver aqui a teoria da interpretação de Lacan, mas ele considera que um de seus vetores, extremamente importante por ser constitutivo da transferência, é o tempo; o tempo é em si mesmo uma modalidade da transferência, como disse ao princípio – é uma variável interpretativa.

Se enfocamos a relação analítica como uma relação dual entre um analisante e um analista que estão em posição recíproca, então é necessário um grande Outro que fixe o enquadramento da situação; requer-se um grande Outro que é o ídolo regulamentar, e a isso se deve esse supereu parasita, retomando a expressão de Sandor Rado. Desse supereu parasita os psicanalistas fizeram em comum um grande sintoma mundial, a Associação Psicanalítica Internacional, cuja presença devia marcar-se na própria relação analítica, pois prescrevia a duração, o número de sessões – porque era, efetivamente, o sujeito suposto saber o que é a psicanálise. Trata-se de um recurso, tenho que dizer, de fraqueza, que os analistas construíram por carecer da própria experiência dessa posição de Outro, pois, enquanto analistas, o eram insuficientemente para assumir essa posição.

Esses são pontos, evidentemente, que teríamos que desenvolver. Sei que aqui há analistas vinculados à IPA. Simplesmente, é assim que concebemos e experimentamos a IPA.

O segundo ponto, que por si mereceria um longo desenvolvimento, é o final da análise. A análise da transferência consiste em descobrir que não há, em sentido real, sujeito suposto saber. Isso é o que constitui o desejo do analista, desejo muito singular que Freud localizou em um momento da história, o desejo do analista de não se identificar com o Outro, de respeitar o que Freud, em sua linguagem, chama de a individualidade do paciente, não ser um ideal, um modelo, um educador, e sim deixar espaço para a emergência do desejo do paciente.

Aí há algo que se pode assemelhar a uma ascese, e vemos bem que os psicanalistas, que se protegem do discurso psicanalítico, tomavam o caminho exatamente oposto, o de se propor como ideais e modelos. Vejam os textos. Lacan, por seu lado, está muito próximo de Melanie Klein quando ela formula que o final da análise tem um caráter depressivo que mostra, de certa maneira, que deve ser relacionado com a perda do objeto. A perda do objeto, o luto pelo objeto, de que modo é simbolizado na própria psicanálise se não o é pela rejeição, o abandono do psicanalista?

A esse respeito, é o psicanalista quem representa o resíduo da operação analítica, e Lacan elaborou a teoria que faz do psicanalista o dejeto de toda a operação e, ao mesmo tempo, a causa que desde sempre animava o desejo do paciente. É isso que Lacan formulou ao escrever:

$$\frac{a}{S_2} \longrightarrow \frac{\$}{S_1} \quad //$$

O $ é o sujeito que fala, o analisante, que fala a partir da posição do psicanalista. Com a ambição de produzir o quê? Precisamente o significante que Lacan chama de significante-mestre,

S_1, a partir do qual, justamente, o sujeito está em posição de ser governado. Longe de instalar o significante mestre em posição dominante, Lacan formula a experiência analítica como o rechaço, a cuspida do significante-mestre pelo sujeito. É, portanto, em termos exatamente contrários aos da introjeção que Lacan formula a experiência analítica; se quiserem é em termos de dejeção ou em termos de exclusão. Essa renúncia ao domínio, no analista, é então perfeitamente enigmática. Como Freud pôde elaborar, regular esse desejo de não domínio que, podemos dizer, é inédito na história? É por esse desejo ser efetivamente inédito que os analistas renunciaram a ele, imaginaram-se como supereu, como figura exaltada do mestre. A grandeza do psicanalista é, no sentido de Lacan, consagrar-se, pelo contrário, a permanecer no lugar de dejeto. Concluirei, pois, com esse paradoxo.

PARTE II

Duas dimensões clínicas: sintoma e fantasia[18]

I

É com afeto que volto a estar em Buenos Aires, neste Teatro Hebraica, onde estive com Eric Laurent, em setembro de 1981, ministrando um primeiro Seminário. Já se passaram dois anos, mas desde então os contatos entre a comunidade analítica local e a nossa, de Paris, prosseguiram sem interrupção. Em fevereiro de 1982 viajaram a Paris alguns membros da comunidade psicanalítica lacaniana da Argentina para participarem do II Encontro do Campo Freudiano. E devo dizer que tanto sua presença quanto suas comunicações deixaram uma lembrança muito forte entre os parisienses e outros franceses que os escutaram. De maneira que em 1984, creio, cem analistas virão a Buenos Aires para participarem do III Encontro Internacional que agora preparamos.

O lacanismo – como se diz – não é um discurso sem consequências na prática analítica; e esse vai ser, precisamente, o tema do nosso III Encontro.

Há pessoas que encaram a obra de Lacan como um discurso sem consequências. Conhecemos essas pessoas. São – agora podemos dizê-lo – as que estão dentro dessa organização internacional que se chama IPA. Agora, na IPA, são todos lacanianos; estão apenas no começo, mas isso é algo que se vai desenvolver.

Nossa ambição comum – em Paris, em Buenos Aires e em alguns outros lugares também – é demonstrar que não há clínica psicanalítica sem ética.

Vou desenvolver um pouco esse tema, como introdução ao deste Seminário: "Duas dimensões clínicas: sintoma e fantasia".

Mas, como introdução a essa introdução, quero dizer antes alguma coisa sobre o meu próprio caminho no campo da psicanálise, sobre um lugar que nos últimos anos mudou para mim. Um lugar que atualmente é o de alguém que pratica psicanálise, pode-se dizer, todos os dias – já que a pratica às vezes também aos domingos.

Vou falar pouco, e só darei um resumo desse caminho, pois é difícil centrar o próprio lugar, sua própria novidade em psicanálise.

A questão é se nós, os lacanianos, estamos ou não condenados a repetir o discurso de Lacan. E se desejamos não repetir, como se pode fazer a invenção? Há um meio para inventar: é o delírio. De certo modo, há um componente no saber que é o delírio. A única questão é saber se os outros compartilham o delírio da gente, e se esse delírio de saber pode ser utilizado por outros.

Tal foi minha tentativa, desde o ano passado, em Paris, ao propor a divisão clínica entre sintoma e fantasia como essencial para a direção da cura. Como tratarei de demonstrar, tal divisão provém tanto de minha leitura de Freud e de Lacan quanto da minha prática analítica.

Diria que o caminho que me conduziu a essa questão começou em Caracas, em 1980, por ocasião daquele Encontro em que o dr. Lacan ministrou seu último seminário público.

Minha intervenção, nessa oportunidade, teve para mim um caráter inaugural, pois lá empreendi certa retificação da leitura de Lacan que podemos considerar como a habitual e recebida. Minha ideia era enfatizar que é um erro supor – como se costumava fazer – que o ensino de Lacan se deduz da proposição segundo a qual tudo é significante.

Em Lacan, nem tudo é significante.

Para ele mesmo, seu descobrimento não era de que o inconsciente está estruturado como uma linguagem. Esse foi seu ponto de partida e o ponto de Arquimedes que encontrou, poderíamos dizer, para apoiar a alavanca com que levantou o ensino de Freud. É verdade que tal ponto não está formulado nesse ensino e é exterior ao conjunto de seus ditos; mas é, do ponto de vista de Lacan, uma formulação que imediatamente se impõe como conclusão dos mesmos.

O que Lacan denominou, por outro lado, seu descobrimento em psicanálise, é o objeto *a* – e seu estatuto exige partir disso, ou seja, de que no campo da experiência psicanalítica nem tudo é significante. Mesmo que aí tudo seja estrutura, o que nos obriga a distingui-la do significante.

Ao dizer isso, em 1980, em Caracas, acentuei a existência de um corte no ensino de Lacan assinalando que os mesmos termos, os mesmos conceitos não têm o mesmo valor antes e depois ou de um lado ou de outro desse corte. Por exemplo – algo que Diana Rabinovich desenvolverá em sua parte deste seminário – a definição do eu (*moi*) não pode ser a mesma antes e depois do descobrimento do objeto *a* como tal. E a mesma coisa acontece com a interpretação ou a transferência.

Apoiando-me nessa declaração que foi, para mim, minha conferência de Caracas, fiz em Paris um curso (em 1981-82) para mostrar o erro generalizado que tinha sido, no fim das contas, tomar como princípio de interpretação do ensino de Lacan seu texto sobre *A instância da letra*. Foi um erro essencialmente francês. Mas creio também que a entrada mais fácil e comum ao ensino de Lacan foi considerar que metáfora e metonímia eram sua chave universal. Trata-se de um fenômeno similar ao que se produziu quando os psicanalistas da Ego Psychology (Krist, Lowenstein e Hartmann) decidiram tomar *O eu e o isso*[21] como o texto a partir do qual se deveria reinterpretar todo Freud. Em realidade, nem mesmo lhes interessava reinterpretar todo Freud, mas o amputaram de tudo o que não combinava com *O eu e o isso*. Estudei o livro *princeps* da ortodoxia psicanalítica atual de Nova York, escrito por uns senhores que reinam por lá chamados Jacob Arlow e Charles Brenner. Expõem antes de mais nada o que chamam de primeira teoria de Freud, a primeira tópica, e a oposição entre "Inconsciente" e "Pré-consciente-Consciente". Depois expõem o que chamam teoria estrutural do Eu, Isso e Supereu. Por último, declaram que ambas as teorias são incompatíveis, e a que convém à prática analítica é a segunda. Não exagero – basta ler esse livro –, não exagero se lhes digo que não se interessam em absoluto por indagar qual pode ter sido o caminho de Freud e o que é que ele procurava.

Com *A instância da letra no inconsciente*, sem ir mais longe, diria que as pessoas ficaram surdas a toda uma parte do ensino de Lacan.

Há dois anos me propus mostrar essa escansão, bem como qual é a direção – segundo meu ponto de vista – do caminho de Lacan. Eu me propus mostrar até que ponto ele pensava contra si mesmo, a partir de boa parte de seu ensino, e como sempre se corrigiu e precisou mais esse tema que me conduz à divisão entre sintoma e fantasia.

Retomei a questão no ano passado, em Paris, no Encontro do Campo Freudiano – onde chamei minha intervenção de "Clínica sob transferência" e na qual novamente opus essas duas noções.

Farei um pequeno resumo desse trabalho.

Partindo da definição do fim de análise dada por Lacan, em termos de travessia da fantasia, me perguntei qual seria o termo correlativo correspondente ao sintoma. É que realmente não tem sentido falarmos de "travessia do sintoma"; e não se deve esquecer que Lacan situou o fim de análise relacionado com a fantasia, e não com o sintoma.

Se considerarmos agora que um termo só toma seu sentido por ter sido escolhido entre muitos outros possíveis – com o que não faço nada além de remetê-los à proposição estruturalista respectiva –, resulta inegável que Lacan trata a questão do fim de análise em termos de fantasia e não de sintoma.

É uma coisa que deve ser esmiuçada.

Por quê? De que se trata?

Se o fim de análise fora situado por Lacan a partir da fantasia, era interessante perguntar se, pelo contrário, a entrada em análise não concerne especialmente ao sintoma. Nessa intervenção, então, tentei descrever o que diz respeito ao sintoma, na entrada em análise, como o que se precipita em sua formalização. De forma muito simples, tratei de obter, para a fórmula da travessia da fantasia no final de análise, uma fórmula correlativa do sintoma em seu início.

A oposição entre sintoma e fantasia é também uma oposição entre significante e objeto, na medida em que o que prevalece no sintoma é sua articulação significante. Certamente há também uma implicação do objeto no sintoma, mas, por enquanto, como pontos de referência geral, podemos ficar com estes dois: para o sintoma, sua articulação significante e seu prevalecimento na entrada em análise; o prevalecimento do objeto, e o fato de ser o que está em jogo no final de análise, para a fantasia.

Devo dizer que essa oposição entre sintoma e fantasia também decorre da minha experiência como analisante. Deu-me oportunidade de refletir sobre a minha experiência a partir desse lado da análise.

Por último, tornei a tomar a questão no meu seminário de 1982-83, cujo título preciso é "Do sintoma à fantasia e retorno".

Como veem, essa oposição que lhes proponho é uma oposição que me parece central. Creio realmente que se ganharia muito caso se fizesse uma releitura de Freud e Lacan e se ordenassem as coisas mediante a mesma.

Também a considero importante para retificar a orientação clínica que adotaram os trabalhos da Escola da Causa Freudiana nos dois últimos anos, após a morte de Lacan.

Saiu recentemente na França um livro que pretende apresentar, em dois tomos, toda a história da psicanálise através do mundo, país por país. Na apresentação da psicanálise na França, em sua última parte, me atribui haver lançado a clínica como palavra de ordem. Não o negarei.

Com certeza achei, depois da morte de Lacan, que nos anos anteriores tinha havido em Paris um período carente de qualquer orientação. Um período da Escola Freudiana de Paris em que não se sabia como acertar quanto ao ensino de Lacan. Pareceu-me, em particular, que efetivamente valia a pena retornar à clínica. E se deve reconhecer que a palavra de ordem teve bastante eco em Paris. De repente ocorreu que gente formada por Lacan podia falar de casos. Mais ainda: a partir dessa formação, e até a partir da leitura de Lacan, podiam falar de casos com mais precisão e melhor que outros. Fico muitíssimo contente, portanto, pelo efeito produzido por esse regresso à clínica que, no entanto, como toda coisa boa, mostrou um aspecto não tão positivo. Poderíamos dizer que teve um aspecto negativo consistente em um retorno, de certa maneira, ao quadro clínico. Ou seja: retorno a algo que, em geral, é esquecer (como acontece na psiquiatria ou na psicologia) que o analista também está no quadro e que, além disso, pinta o quadro.

Daí que, para não esquecer que nossa clínica se faz sob transferência e que não pode carecer de ética, seja necessário não reduzi-la ao sintoma e sustentar a diferença deste com a fantasia. Pois, por singular que isto pareça, é a fantasia que nos conduz à dimensão ética da psicanálise.

No entanto, é algo compreensível, e não é por acaso que o texto de Lacan sobre o que poderíamos, rapidamente, chamar de fantasmatização do marquês de Sade fale justamente de Kant e de sua ética.

Fica fácil de entender se nos perguntarmos o seguinte: a que problemática o sintoma nos introduz? A uma problemática terapêutica. A questão da sua cura. Por isso se fala de "levantamento do sintoma", ou "desaparição do sintoma", e todo o mundo entende do que se trata. Mas se Lacan fala de "travessia da fantasia", é justamente para não falar de "levantamento ou desaparição da fantasia".

Com a fantasia se trata, pelo contrário, e sobretudo, de ir ver o que está por trás. Coisa difícil porque – dizendo rapidamente – por trás não há nada.

Entretanto é um nada que pode assumir diversos rostos, e na travessia da fantasia se trata de dar uma volta pelos lados desses nadas.

Deve-se reconhecer que não há nada melhor – até mesmo para a saúde – que dar uma volta pelos lados do nada, mas também se deve confessar que nada nos obriga a fazê-lo. Por isso, precisamente neste ponto, é necessário algo que se chama "desejo do analista". O artigo definido é enganoso nessa expressão, pois não se trata do desejo de todo analista e sim o do analista enquanto tal e como tal, desse ou daquele, de um analista efetivo, de cada um dos que praticamos a análise.

Não é obrigatório, pois o analista pode perfeitamente limitar-se a seu desejo terapêutico, ao desejo do médico.

Que é um médico, um terapeuta?

É alguém adequado, de certo modo, à definição do Mestre dada por Lacan: aquele que quer que a coisa funcione, que a coisa ande bem em termos do indivíduo que se lhe apresenta. São muitas as correlações feitas na história entre o funcionamento ótimo do corpo e o funcionamento da sociedade política, e as metáforas circulam entre o corpo vivo e o corpo social.

Pois bem; o fato de que as coisas andem bem é totalmente contrário à fantasia, e nesse sentido o desejo do médico também o é. Até diria que o sintoma, como formação do inconsciente, deve ser situado com relação ao discurso do Mestre. E lhes assinalo que, em Lacan, a entrada em análise está modelada propriamente pelo que mais tarde seria o esquema desse discurso – a representação do sujeito pelo significante:

$$\overbrace{\frac{S_1}{\$} \longrightarrow \frac{S_2}{}}$$

Pelo contrário, é a estrutura da fantasia e o fim da análise o que está privilegiado no discurso analítico:

$$\overbrace{\frac{a}{S_2} \longrightarrow\backslash \frac{\$}{}}$$

Também poderíamos dizer que o específico da análise é válido mais além da clínica, e este é o sentido que se pode dar à fórmula "não há clínica sem ética".

Corresponde ao analista, em primeiro lugar, acentuar seu querer ou seu desejo. Que queres? é a pergunta própria do desejo, e quando se diz "não há clínica sem ética" se faz essa pergunta ao próprio analista.

Que queres obter?, se lhe pergunta.

Talvez queira obter sujeitos que se encaixem na ordem do mundo, ou que se ajeitem direitinho com o Mestre. Pode querer obter um efeito de reparação, por exemplo, como se diz acerca dos automóveis.

Tudo isso não deixa de ter consequências para o paciente.

Há uma parte da experiência e da prática do analista que consiste em tranquilizar e moderar o paciente. Quando chegam em pânico ou angustiados, há algo como uma necessidade da vida de moderá-los, passar-lhes segurança, dar-lhes certa serenidade. Mas não é isso a totalidade da análise. Poderia falar desses casos que nossos amigos americanos chamam de *borderline*. São casos que, em sua maioria, nada têm a ver com a psicose, e na realidade se trata de sujeitos histéricos decididos. Leva às vezes um ano reconduzir uma histérica decidida ao que poderíamos chamar um comportamento normal. Não é o ideal, por exemplo, que tire os sapatos e ande descalça pelo consultório. Também não é o ideal para a livre associação que comece a olhar cada um dos objetos do consultório para verificar que estão aí, que são os mesmos, que não mudaram de lugar. Não é o ideal que queira prosseguir a sessão recém-terminada. E terminada com dificuldade, porque também é um traço histérico essa adesividade que têm com seu próprio discurso. Tudo isso obriga, às vezes, a levá-la até a sala de espera para que torne a pedir hora e tenha, depois, outra sessão. E acontecem essas outras ocasiões em que se tem que persegui-la até a rua porque foi embora antes do término da sessão.

Não considero esse tipo de casos como *borderlines*, e sim como casos de histeria. Pode-se pouco a pouco reconduzi-los à regularidade. À nossa regularidade "burocrática", como diz ela – e com razão –, depois de uns protestos. Agora se podem produzir certos efeitos, como o de que ela possa recordar essa frase, como de destino, pronunciada por sua mãe, a qual lhe tinha dito que ela era como um sapato muito pequeno: muito bom de tirar.

Foi necessário um ano para que esse caso pudesse entrar na norma do dispositivo e essa pessoa começasse a trabalhar. Até mesmo para que pagasse com regularidade. Às vezes se tem que lhes dar crédito por bastante tempo. Depois foi necessário fazer com que pagasse em mãos para que encontrasse seu ponto de referência, depois de toda essa "dança", como ela dizia, no analista.

Depois de um ano, apesar da precariedade, o resultado era satisfatório. Adaptou-se, de certo modo, à sociedade, à luta pela vida, e se defende na existência. Para nossos amigos americanos, ainda faltaria um tempo para, uma vez casada, tornar-se mãe etc.

Então, a questão ética para o analista está em decidir que é agora que a análise pode começar, que ela não terminou.

Justamente no ponto em que se poderia considerar terminada é que começa de verdade. Começa além do seu suposto bem-estar e além do momento em que principia a se sentir bem sob a sua pele.

Também é aqui que a responsabilidade do analista é pesada. Pois ir além desse ponto de suposto bem-estar é estar em ruptura com todos os ideais comuns da nossa sociedade. Em ruptura com todos os ideais comuns de nossa sociedade universal, pois a ética própria da análise supõe a adoção de valores estritamente inaceitáveis para qualquer poder constituído. É por isso que nem sequer se deve falar muito disso. Se déssemos muita ênfase a essa questão do além do bem-estar e da cura do sintoma, poderíamos chegar a ser considerados inquietantes para a segurança pública. Mas podemos falar disso entre nós.

A análise se apresenta, com relação às normas sociais, com um certo caráter "associal". Esse aspecto "associal" corresponde, na realidade – e este é o esforço extraordinário, o chiste de Lacan –, a um laço social de outro tipo: o discurso analítico.

É um chiste porque a extensão desse suposto laço social é ínfima comparada com a extensão do laço social universal. Lacan assim apagou o "associal" da análise, situando-a como um outro laço social...

É uma aposta, pois temos que demonstrá-lo.

Temos então que certa subversão está presente no analista, na medida em que este aponta um além do bem-estar. A mesma subversão que Lacan encontra em Kant, a propósito da fantasia. Vale como a que se atinge ao atacar diretamente o laço social

Este "não há clínica sem ética" também se julga pelo modo como a gente aceita ou não uma demanda de análise. Pois, como diz Lacan, são sempre inocentes os que entram em análise. O que equivale a dizer que o culpado é o analista. Os que entram são inocentes porque não sabem que o verdadeiro final de análise é a destituição subjetiva, coisa que, curiosamente – mesmo sendo algo diferente –, se parece com o desenvolvimento da personalidade.

Finalmente, e antes de começar com a fenomenologia clínica sobre sintoma e fantasia, tenho que acrescentar que a expressão "não há clínica sem ética" também diz respeito ao grupo analítico. Porque o grupo analítico tem que se adaptar às exigências éticas da prática. Por isso é inútil tentar transpor a clínica de Lacan a um grupo sem ética. Efetivamente, considero que a IPA é um grupo sem ética, pois se formou e se mantém com o objetivo de fechar os olhos para aquele "além" a que aludíamos. Claro que dizer que a IPA é um grupo sem ética não quer dizer que seja um grupo sem moral. Têm uma moral – quase sempre, a do Mestre. Também têm, por exemplo, a ideia de absorver a obra de Lacan amputada de sua ética. Desde o começo de nossos contatos, pela via da Fundação do Campo Freudiano, nossa ambição tem sido impedir essa absorção de Lacan sem ética. Para isso, decerto, não basta fazer críticas à IPA.

Devemos deixar estabelecido que a questão do grupo, não só na França, mas em todos os países em que haja gente praticando a análise segundo a ótica do ensino de Lacan, é uma questão em aberto. Nenhum de nós tem uma resposta.

Depois dessa Introdução, iniciarei agora com a questão do sintoma e a fantasia no nível da fenomenologia mais concreta da nossa experiência. Não é fácil, pois nesse plano qualquer outro analista pode considerar que as coisas não são assim. Trata-se do nível mais simples porque não vai além do que se pode ver e ouvir do paciente, mas também é o mais arriscado. Vou arriscar-me então, mas com paraquedas, pois já expus isso em Paris, no ano passado; veremos se aparecem outras concepções neste primeiro nível.

Creio que a experiência analítica nos ensina que o paciente, a propósito do seu sintoma, fala, e fala muito. Digo que fala do seu sintoma, no singular, por causa de sua formalização ao começar a análise. E fala para se lamentar dele. É a razão pela qual se analisa.

Com relação à fantasia, pelo contrário, a situação é completamente diferente. Normalmente, o paciente não vem lamentar-se de sua fantasia. É justamente o oposto: podemos dizer que, através dela, obtém prazer.

Trata-se de uma observação que, parece-me, todo analista pode fazer, muito simples mas suficiente para colocar o sintoma e a fantasia em duas vertentes diferentes: a do desprazer e a do prazer. Desprazer do sintoma. Prazer da fantasia. (Esse "prazer da fantasia" parece nome de perfume francês...)

Com relação a essa primeira distribuição, poderia ser feita uma pequena objeção concernente a esse termo ambíguo que é a obsessão. A obsessão é um sintoma, mas também pode aparecer como uma fantasia. Mais tarde falaremos disso.

Acho então – e mesmo que não nos apercebamos disto – que nossa clínica funciona da maneira que descrevi. E que é válido dizer que o paciente encontra em sua fantasia um recurso contra seu sintoma, um consolo. A fantasia tem uma função de consolação já observada por Freud, pois este introduziu a fantasia na psicanálise como uma produção imaginária que o sujeito tem à sua disposição para certas ocasiões mais ou menos frequentes. Freud a chamou "sonho diurno", e sob essa forma a fantasia irrompeu no discurso analítico.

As referências são conhecidas.

Nos *Estudos sobre a histeria*, de Freud e Breuer, não é difícil perceber, quando a famosíssima Anna O. fala do seu teatro privado, o vínculo entre a fantasia e essa função de consolação.

Também há um vínculo entre a fantasia e o que se pode chamar de consolação filosófica por excelência: a masturbação.

Quando lemos o texto que é o paradigma analítico da fantasia, *Batem em uma criança*,[24] observamos que Freud o inicia mostrando a relação entre fantasia e satisfação masturbatória. Essa satisfação é um "gozo fálico", expressão que alude a um gozo diferente do "gozo do Outro". Se há um lugar em que se pode ver a separação entre ambos, é nessa prática da masturbação. Que supõe esta senão um gozo sem Outro? Sem Outro corpo? Esclareçamos, sobre isso, que tal satisfação existe tanto para os homens quanto para as mulheres, e que as mulheres não estão vinculadas somente ao gozo do Outro. Também têm relação com o gozo fálico.

Resumindo: desde a primeira consideração freudiana, a fantasia já se apresenta como algo que pode produzir prazer para o sujeito, enquanto o sintoma, pelo contrário, lhe produz desprazer.

Pois bem, continuando com esta descrição imediata da experiência, encontramos outra inversão entre sintoma e fantasia.

Acho que é um fato constante da experiência o de que o sujeito fala abundantemente de seus sintomas, embora tenha muitas reticências quanto às suas fantasias. Pode ser pródigo na narração de sonhos, gostar de seus próprios lapsos, pensar que diverte o analista e desfrutar com seus chistes. Mas, sobre a fantasia, nada. Boca de siri. Sem palavras.

Um obsessivo, por exemplo, com várias inibições, não é nada inibido para falar sobre elas na análise. Muito pelo contrário! Se a gente lhe permite isso, pode contá-las durante horas. Sua fantasia, por outro lado, pode ser uma das coisas mais escondidas do mundo. Vieram procurar-me analisantes que nunca tinham dito coisa alguma sobre suas fantasias em análises anteriores, mesmo que sua duração tenha sido de sete, nove ou dez anos.

Freud também assinala, em uma pequena conferência de 1907 intitulada "O poeta e a fantasia",[25] que esta parecia ser o tesouro do sujeito e sua propriedade mais íntima. E esse não é, de modo algum, o caso do sintoma.

Como poderíamos dar conta de uma diferença clínica tão aguda?

Em primeiro lugar, podemos considerar a existência de uma vergonha da fantasia. Em geral, o neurótico se envergonha de sua fantasia, pois esta lhe surge em contradição com seus valores morais. É que geralmente tira o conteúdo da sua fantasia do discurso da perversão, coisa que foi dita por Freud, por Lacan, e que também observamos na experiência. O fato de que o neurótico tenha ·fantasias perversas não quer dizer que o seja. Um obsessivo, por exemplo, que obtém sua fantasia do discurso da perversão, a tira do campo de um gozo que não é o seu próprio gozo. E em geral se mantém a uma certa distância e preserva algo assim como uma margem de segurança com relação a suas fantasias tiradas do campo perverso.

Encontramos assim uma explicação para a dimensão de vergonha que rodeia a fantasia. Por exemplo, é frequente encontrarmos em análise mulheres feministas com fantasias masoquistas com as quais não sabem o que fazer, pois contradizem seus ideais. São por isso, às vezes, causa de muito sofrimento. Também se pode encontrar homens humanistas cujas fantasias são muito agressivas.

Como se manifesta a divisão do sujeito nesse primeiro nível, imediato, da experiência! E que difícil é sustentar a ideia de uma síntese da personalidade quando se leva em conta essa contraposição!

Mas, já que fizemos referência aos valores morais do sujeito, devemos agora ser ainda mais precisos em relação a essa questão. E dizer diretamente que o elemento fantasmático não está em harmonia com o resto da neurose. Isso, que Lacan apenas formalizou, Freud o diz claramente ao finalizar a segunda parte de seu texto *Batem em uma criança*. Diz-nos que é necessário fazer uma observação dessas que o analista prefere não lembrar, a saber, que a fantasia permanece apartada do resto do conteúdo de uma neurose.

Eis o que eu retomo. Que a fantasia está em outro lugar, diferente do resto dos sintomas, e que na direção da cura devemos contar com esta ideia segundo a qual o campo onde se produz a experiência analítica não é um campo unificado. Que o sintoma e a fantasia se situam em lugares diferentes.

Vou demonstrar, na continuação do seminário, que desse modo podem adquirir seu sentido alguns matemas de Lacan e muitos de seus ditos; e que a mencionada diferença é essencial para delimitar a clínica.

Já vimos que é uma ideia estritamente freudiana considerar a fantasia como algo que permite ao sujeito obter prazer.

Sendo assim, parece-me então que é uma hipótese estritamente lacaniana a de que a fantasia é como uma máquina para transformar o gozo em prazer. Como uma máquina, digamos, para domar o gozo, pois o gozo, por seu próprio movimento, se dirige ao desprazer e não ao prazer. (Se não estou lembrando mal, foi esse um dos temas de minhas conferências aqui, dois anos atrás.)

Com isso, estamos também ante uma pesquisa freudiana que se encontra em *Além do princípio do prazer*. Além desse princípio, o que há é uma dimensão de gozo, e a fantasia aparece como um meio para articulá-la com a que corresponde ao princípio do prazer. É o que se observa, em minha opinião, na função do famoso jogo do *fort-da* que Freud apresenta nesse texto, no qual o sujeito domina uma situação e aprende a obter prazer da mesma através da pequena máquina de seu jogo. O *fort-da* parece-me ter um valor exemplar para a nossa questão. É um emblema de como a fantasia funciona como maquinação para obter prazer.

Também na conferência que eu lhes citava há pouco, Freud diz que, se os adultos não brincam como quando eram crianças, é porque a fantasia substitui para eles a atividade lúdica infantil.

Nesse sentido, a fantasia tem uma função semelhante à do brincar, que é – a partir de uma situação tanto de gozo quanto de angústia – produzir prazer. Não devemos esquecer que a condição necessária do *fort-da* é a ausência da mãe. É porque esse Outro foi embora que a criança fica em situação angustiante, da qual obtém prazer graças à sua maquinação lúdica. É importante recordar essa ausência porque é a ausência do Outro que presentifica e põe em evidência seu desejo. A partir disso é que Lacan constrói sua fórmula da metáfora paterna, pois o que lá aparece como "Desejo da Mãe" é algo que vem ocupar o lugar deixado anteriormente pela ausência da mãe. Quando não está, pode-se perguntar qual é seu desejo, que é o que deseja. Por isso, a criança do *fort-da* produz essa maquinação ao se evidenciar o desejo do Outro. Mas o que ilustra é generalizável: *a fantasia é uma máquina que se põe em ação quando se manifesta o desejo do Outro.*

Avancemos agora na descrição das diferenças entre sintoma e fantasia, encarando a questão do ponto de vista da interpretação.

Digamo-lo rapidamente: a fantasia fundamental nunca é interpretada e, na experiência analítica e na função do analista, nem tudo é interpretação. Com "fantasia fundamental", refiro-me ao que Freud acentua como o segundo tempo da análise de *Batem em uma criança*, tempo a cujo propósito diz que nunca aparece na própria experiência como tal. E não só porque haja uma certa reticência do paciente em comunicá-la, mas sim porque está situada em um lugar que nunca aparece na experiência. Nunca é interpretada realmente.

A interpretação é, fundamentalmente, interpretação de sintomas. Pode-se dizer que minha tese é a seguinte: a interpretação nunca é da fantasia fundamental. A fantasia fundamental não é objeto de interpretação por parte do analista, é um objeto de construção.

É difícil afirmar coisas assim, e no começo do meu curso do ano passado me parecia ainda mais, pois ninguém as tinha dito exatamente dessa maneira. Devemos ser cuidadosos ao introduzir esse tipo de distinções ante um público de analistas, mas creio que vale a pena arriscá-las porque suponho neles um certo nível de experiências comuns. De resto, também é interessante comprovar que Freud o dizia, ainda que de modo menos evidente, em *Batem em uma criança*.

Por último, e para terminar, por enquanto, com o estabelecimento da diferença entre sintoma e fantasia, direi que a literatura analítica respectiva a ilustra do modo mais evidente. Observemos que, quando se trata dos sintomas, sonhos, lapsos, atos falhos, e em geral todo esse campo que Lacan chama "as formações do inconsciente", encontramos livros, livros e mais livros. Só em Freud temos: *A interpretação dos sonhos*, *Psicopatologia da vida cotidiana*, *O chiste e sua relação com o inconsciente* etc.

Mas não há livros compostos à base de uma grande diversidade de fantasias, fato sobre o qual vale a pena refletir. É imaginável uma recompilação de fantasias se o paradigma destes é uma frase, como *batem em uma criança?* Uma lista de frases desse tipo não compõe um livro.

Acontece que – contrariamente às formações do inconsciente, primeiro descobrimento de Freud e dimensão tão divertida da psicanálise que apaixona todo o mundo há oitenta anos – há uma monotonia da fantasia.

Há uma obra literária excepcional que ajuda a ver isso, inteiramente construída em torno da fantasia, e portanto de grande monotonia: a do marquês de Sade. Por isso foi abordada por Lacan em seu escrito fundamental sobre a fantasia, *Kant com Sade*. Deve-se dizer que a obra de Sade não é muito divertida, e que talvez tenha conservado seu interesse por dois séculos porque era difícil consegui-la. Como diz Lacan, era um Livro de segunda fila nas bibliotecas, figurando na primeira São Tomás de Aquino etc. A obra de Sade carece de chistes e não está baseada na estrutura do sintoma, e sim no que poderíamos chamar de "monotonia do instante fantasmático". Os *Cento e vinte dias de Sodoma* são cento e vinte dias dedicados à mesma fantasia. Não é coisa muito divertida, pela mesma razão que não é muito divertido contar a mesma piada durante cento e vinte dias.

Temos aqui, então, um bom exemplo da diferença existente entre a fantasia e as formações do inconsciente.

P: Queria lhe pedir que esclareça um pouco a "fantasia fundamental". É o "fundamental" que me interessa.

R: Retomarei mais tarde essa questão, mas posso antecipar alguma coisa. Inicialmente, a gente pode falar de "fantasias" ou de "fantasmatização" com uma variada riqueza de personagens. Mas, precisamente, a decantação dessas fantasias é um efeito de construção próprio da análise, e nesse caso vamos nos aproximando de fórmulas cuja simplicidade é similar à que Freud nos oferece em *Batem em uma criança*.

A princípio, então, e como nos *Cento e vinte dias*, encontramos todo um mundo de personagens e situações que justificam a expressão usada por Lacan para se referir a essa dimensão: "a selva da fantasia". Mas com a análise tudo isso vai se limpando pouco a pouco em direção a uma formalização, uma simplificação, uma espécie de singularização - se é que se pode dizer - da fantasia.

Lacan faz referência, no texto que mencionei, a toda uma obra - a de Sade -, que tem centenas de personagens. É capaz, no entanto, de nos dar uma fórmula da fantasia de Sade que não é mais do que uma coisa assim:

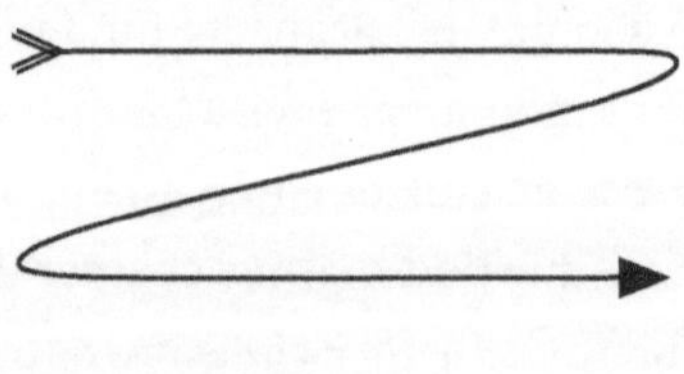

Isto é a fantasia decantada.

A fantasia fundamental é um ponto limite da análise, e pode-se haver feito uma análise sem chegar a se colocar frente à mesma. O termo "fantasia", aliás, tem uma amplidão variável, e de certo modo tudo pode parecer fantasia. Podemos dizer que o próprio comportamento de um sujeito é uma demonstração de suas fantasias, e ao mesmo tempo usar o termo para nos referirmos a esse ponto limite que eu evocava ainda há pouco. Poderíamos usar palavras diferentes, alegando que semelhante variedade de sentido resulta enganosa. No entanto, é justamente esse equívoco e essa plasticidade do termo que permitem atravessar com ele todo o campo analítico. Podemos observar isso em livros de uso comum, como o dicionário de Laplanche e Pontalis. Lá estão essas coisas que eles aprendiam de Lacan, como por exemplo que há um emprego do termo "fantasia" correspondente a "sonho diurno", ou seja, sua presença consciente, mas Freud o mantém igual quando trata de sua dimensão inconsciente. É que tal plasticidade é necessária na prática, pois, se quiséssemos localizar diretamente a fantasia fundamental, careceríamos de qualquer referência. Freud também constrói esse ponto a partir do que o sujeito lhe comunica.

Ainda que vá retomá-la depois de modo mais preciso, direi agora rapidamente que a fantasia fundamental corresponde, parece-me, à *Urverdrängung*. É correlativo ao que nunca poderia vir à luz no recalcado. Freud assinala isso em *Inibição, sintoma e angústia*, ao afirmar que há um recalque originário que não é um conteúdo ou coisa que não se possa dizer, mas sim que haverá sempre mais um recalque. Sempre haverá mais um significante que possa advir. Minha tese este ano, em meu curso, foi justamente de que a fantasia fundamental corresponde ao recalque originário.

Com o fim da análise, o que se pode esperar é que mude a relação do sujeito com essa fantasia fundamental. Ponto limite da análise. Mas devemos antes articular mais o que nos surge em um primeiro nível fenomenológico, pois aqui é que se pode ir estabelecendo um acordo entre os analistas tanto em relação à experiência quanto na referência a Freud. É preciso construir mais, dar mais sentido, mais peso e mais articulação aos fatos da experiência analítica, pois não existem tantos. Por isso, quando existem, deve-se gostar deles, protegê-los e construir coisas sobre eles.

P: Dada a divisão que você propôs entre sintoma e fantasias, minha pergunta se refere a como situar aí a angústia. Pois é muito frequente na clínica que, quando um paciente vence a sua reticência e faz surgir algumas de suas fantasias retidas, se produzam prolongados momentos de angústia. Então se torna difícil para mim manter, nesse ponto, a cisão entre sintoma e fantasia.

R: Não. Pelo contrário, acho que a angústia tem uma localização precisa na questão. Que é que angustia? Uma fórmula de Lacan, muito cômoda, nos responde que o que angustia é o desejo do Outro. Então, a fantasia pode ser situada como o que recobre a angústia suscitada por esse desejo do Outro. É verdade, claro, que a própria angústia aparece quando há um desfalecimento da cobertura fantasmática. Isso se vê muito bem nessa cobertura máxima e elementar (tão elementar que é duvidoso que pertença à dimensão fantasmática) que é uma fobia. Uma verdadeira fobia, pois esse termo costuma ser usado do modo mais impreciso possível; uma fobia clínica como a do clássico exemplo de Freud. A fobia, assim considerada, é um meio elementar de cobrir a angústia, e sabemos como: através de um medo.

Além disso, creio que as diversas estruturas fantasmáticas e as diferentes estruturas clínicas podem ser situadas como modos de resposta à questão do desejo do Outro. Essa também é uma indicação de Lacan que depois tratarei de desenvolver um pouco, através de um exemplo emblemático da fantasia.

P: Quando você situou o sintoma do lado da articulação significante e a fantasia do lado do objeto, esclareceu contudo que havia uma implicação deste último com o sintoma. Pediria que me esclareça tal implicação.

R: Essa repartição que propus é um primeiro nível da questão, mas tem em si mesma sua pertinência. Se temos a opinião, ou a crença, de que podemos fazer algo com a análise para curar os sintomas, é porque supomos sua articulação significante.

E o que Freud demonstrou para tudo o que Lacan chama "formações do inconsciente" é que a articulação significante está presente em cada uma delas. A fantasia, pelo contrário, concerne a uma relação com o objeto. A famosa fórmula de fantasia de Lacan, $ ◊ a (cujos significantes podem ser vistos agora nos novos pesos argentinos),[26] inscreve precisamente a relação do sujeito com o objeto. Aqui há uma dificuldade, pois a fantasia tem também uma dimensão simbólica, que essa fórmula não expressa. Mas é suficiente o que foi dito para fundar essa oposição, de senso comum, poderíamos dizer, entre o sintoma e o significante, por um lado, e a fantasia e o objeto, por outro.

Pois bem. Qual é o descobrimento pelo qual o objeto também se vê implicado no sintoma? É, por exemplo, o de Freud, a reação terapêutica negativa, na qual o que se descobre é a existência de um gozo próprio do sintoma. Gozo paradoxal, porque não é um prazer, é um desprazer. Portanto, o objeto *a*, como "mais de gozar", também está presente no sintoma. Há dois anos falei aqui sobre esta questão, o masoquismo fundamental em relação à voz do superior, a reação terapêutica negativa, todos eles temas que indicam a presença desse gozo no sintoma. Não podemos, pois, reduzir este último apenas à sua articulação significante, o que introduz uma grande diferença. Acho que o esforço de Lacan foi – após culminar na *Instância da letra* o que tinha iniciado com o *Discurso de Roma*, nos anos 1950 – não rejeitar as construções produzidas então, e sim situá-las na função do gozo e na função do real. Respondo assim a sua pergunta, e talvez possamos mais tarde falar mais sobre o tema.

P: Queria perguntar-lhe sobre o conceito de máquina, que me pareceu uma novidade em seu discurso. A mim, evocava termos de Deleuze e Guattari, ou de Lyotard...

R: Como? Meu discurso lhe evocava Deleuze, Guattari e Lyotard?

P: Não, não. Perguntava se havia uma articulação... A outra questão era: quando falava de livros sobre fantasias, se incluiria os de Melanie Klein.

R: Creio que aqui usei o termo "máquina" no sentido de uma articulação significante que permite sujeitar o gozo para sossegá-lo. Poder-se-ia dizer "dispositivo", sob a condição de entendermos que nos referimos a uma articulação significante fantasmática que permite dominar o gozo pela via de uma relação com um objeto. É o que manifesta o *fort-da*. Quanto à palavra "máquina", em francês, não me parece que tenha alguma relação especial com as velhas máquinas deleuzianas.

Teremos que falar, sem dúvida, de Melanie Klein. Talvez comente o artigo clássico de Susan Isaacs sobre a fantasia. O que se observa nesses textos é de que modo a fantasia se estende a toda a vida do sujeito, perspectiva que tem sua verdade, pois se é o mais escondido que tem, também é o mais evidente em seu comportamento. Mas no método kleiniano, ou de Isaacs, tenta-se interpretar toda essa fantasmatização cotidiana, coisa que me parece uma loucura.

P: Você citou em várias oportunidades o exemplo do *fort-da* para mostrar como a fantasia permite o acesso ao prazer. Mas se entendermos assim, não renunciaríamos a ir além do princípio do prazer, aonde Freud nos convida a ir?

R: Trata-se exatamente disso. Propomos a fantasia como um meio não contingente, e sim essencial, de pôr o gozo dentro do princípio do prazer. E a operação própria da análise é abrir de novo a dimensão do além. É verdade que as fantasias estão sob a lei do princípio do prazer, mas são ao mesmo tempo uma vinculação entre o gozo e o prazer. Estão nesse ponto preciso de articulação. Você pode ver isso em Kant com *Sade*. Nesse texto, Lacan ainda não tinha efetuado a distinção precisa entre "prazer" e "gozo", e por isso há certa dificuldade conceitual em algumas de suas frases. Essas dificuldades já são algo assim como um chamado para efetuá-la, e a fantasia é a chave da questão.

P: Poderia esclarecer mais por que nem tudo é significante na estrutura?

R: Um exemplo preciso de uma estrutura onde nem tudo é significante é o discurso, em sentido lacaniano. Vejamos o discurso do Mestre:

$$\frac{S_1}{\$} \longrightarrow \frac{S_2}{a}$$

Há três termos propriamente significantes: S_1, S_2, e seu efeito, que é $\$$:

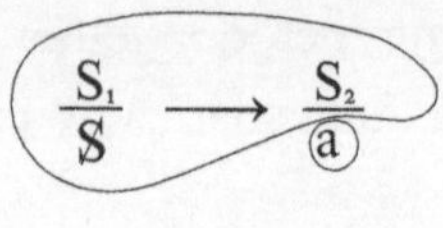

Mas *a* é um termo pertencente à estrutura que não é significante e que não funciona como significante. Que é necessário para que algo funcione como significante? Que se situe em oposição a outro. Pois bem, o peculiar do objeto em análise é que não se coloca por oposição a outro. Tem uma peculiaridade absoluta. Esse é um dos sentidos presentes quando Lacan fala do desejo como uma condição absoluta. Um significante, por seu lado, nunca é o único e nem é absoluto. É muito difícil obter um significante único, e isso seria um paradoxo em si mesmo.

O objeto, como vemos, pode colocar-se em uma estrutura como um produto. Aqui é necessário um pouco de escolástica lacaniana. Distinguimos entre o efeito do significante, $\$$, que é o sujeito, e a produção do significante, *a*, que é o objeto. Enquanto o efeito se move e se desloca com o significante, dando lugar a essa divertida dimensão das formações do inconsciente, o objeto determina a inércia da análise, e sua dimensão não é tão divertida. Todos os analistas conhecem de algum modo o que é essa inércia do paciente na análise, matriz também da repetição.

Imediatamente depois do descobrimento de Freud, os significantes propriamente analíticos eram poucos, mas, com a crescente formação de grupos de analistas e todo o movimento de sua história, multiplicaram-se cada vez mais, aumentando a produção dessa inércia. A ponto de que hoje se poderia dizer que a inércia do paciente é nossa obra coletiva e, de certo modo, é resultado do próprio discurso analítico. Daí que tivesse um efeito significativo, nos tempos de Freud, dizer a um jovem que ele desejava a sua mãe, enquanto hoje é o paciente que se apresenta mencionando seu complexo de Édipo. Este exemplo pode ser situado, então, como relacionado com a nossa própria produção de inércia pela via do significante. Em resumo, nem tudo é significante em uma estrutura. Mas o que não o é, o objeto, encontra-se aí estruturado. É um termo que tem seu lugar. Lugar que pode mudar em outros discursos etc.

II

Minhas quatro intervenções são sobre o mesmo tema: sintoma e fantasia. Esclareço isso porque sei que houve dúvidas entre algumas pessoas, mas é um tema que manterei porque me parece fundamental para a clínica e a teoria psicanalíticas. Precisamente por isso, tentarei mostrar agora a importância clínica do matema de Lacan que se escreve Ⱥ.

É um matema que pode ser traduzido como "o desejo do Outro", na medida em que é necessário, para que o Outro possa ter um desejo, que algo lhe falte. Mas essa tradução, ao mesmo tempo, é parcial. Acontece que não seria muito interessante inventar e utilizar escrituras desse tipo se elas tivessem um sentido só. A vantagem de Ⱥ reside justamente no fato de ser uma escritura única para duas significações, pelo menos: 1) desejo do Outro, 2) uma falta no significante, no campo do significante.

E isso, quando se trata da questão da fantasia, é muito útil, pois esta corresponde tanto à manifestação do desejo do Outro como, ao mesmo tempo, à manifestação de uma falta no campo do significante.

Essa é a razão pela qual a fantasia se apresenta na clínica da experiência analítica como um limite e como uma resistência à intervenção do analista. Freud também nos indica isso, e vou citar uma frase de *Batem em uma criança* que implica a conexão da fantasia com esse Ⱥ. Diz Freud, aproximadamente: "*O ana-*

lista tem que admitir – ante si mesmo – que essas fantasias, em sua maioria, subsistem apartadas do resto do conteúdo de uma neurose e, no fundo, não encontram um lugar apropriado na sua estrutura."

Para nós, a tradução formalizada dessa frase – que me parece essencial na questão da fantasia – não é outra senão a vinculação deste último com esse ponto de falta no Outro como lugar do significante. Observemos também, no grafo de Lacan, como há uma conexão direta entre Ⱥ e a fórmula da fantasia ($ ◊ a).

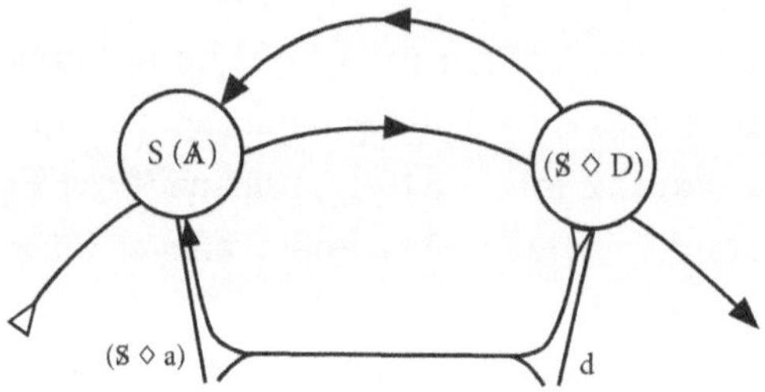

Essa conexão é uma conexão eminentemente freudiana.

Assim, não se trata apenas de falar de resistência ou reticência para comunicar a fantasia, dado da experiência do qual todos os analistas, acho, podem dar testemunho. Além disso, é necessário articulá-la, formalizá-la, pois não é má vontade do paciente nem resistência do eu ou de não sei qual supereu... A verdade dessa resistência é exatamente essa posição no lugar do Outro, que é um ponto de falta no significante.

Essas duas vertentes da fantasia, a de ser resposta ao desejo do Outro e a de sua vinculação com a falta no campo significante, é preciso tê-las em conta porque, caso contrário, encontraremos contradições no ensino de Lacan relativo a esse tema.

É bem verdade que Lacan não diz o tempo todo a mesma coisa, mas a gente pode se situar não perdendo de vista esses dois sentidos do matema Ⱥ. Matema que não é invento gratuito, mas corresponde –

de modo muito preciso – ao que aparece na clínica. Se não há interpretação da fantasia fundamental, é justamente porque esta se situa nessa falta do significante. Daí que se possa dizer que é a questão mais difícil da direção da cura, bem como a do fim da análise.

Há uma dimensão da experiência analítica que é um movimento de demanda. Por um lado está a demanda e, por outro, aquilo com que o analista responde à mesma. A maneira analítica de responder não é outra que a interpretação, e se pode dizer que, mesmo havendo muitas e variadas demandas, a fundamental de um paciente em análise é a demanda de interpretação. Há essa demanda do paciente enquanto tal, da mesma maneira que há um desejo do analista enquanto tal. O analista, por seu lado, e em um primeiro nível da experiência, pode apresentar algumas fantasias. Tal problema, parece-me, causa muita preocupação por aqui, e é um dos efeitos da atenção que se dá à contratransferência.

Deve-se dizer que – no ensino de Lacan – *o desejo do analista é exatamente o que apaga a questão da contratransferência.*

Há, no entanto, algumas fantasias do lado do analista; entre elas, uma muito habitual e conhecida: a de alimentar o paciente, dar-lhe o peito. Mas acontece que, sendo os peitos do analista peitos de significantes, encontram um limite na fantasia do paciente porque este não a oferece para a interpretação, e a mantém escondida. Em geral, a fantasia não se oferece ao movimento da interpretação, e é uma questão de direção da cura, de trabalho próprio do analista, obter a sua revelação. Daí que possamos definir a fantasia fundamental como aquilo que se apresenta na experiência como não tocado, não atingido diretamente pelo significante.

Quando se faz uma teoria da experiência analítica fundamentada unilateralmente na dimensão do sintoma – ou seja, exclusivamente sobre o fundamento da demanda inicial do paciente –, a análise aparece apenas como sua terapêutica. Sua problemática limita-se a como curá-lo. É assim, sem dúvida. Também em Lacan.

Só que em Lacan não se trata de curar o paciente de sua fantasia fundamental. Ele situa a problemática do fim de análise do lado da fantasia, e não do lado do sintoma.

O fim da análise tem por objeto uma modificação muito mais profunda que a do nível do sintoma, pois o que se busca é uma certa modificação da posição subjetiva na fantasia fundamental. Isso não é uma questão de cura.

Embora a fantasia possa ser entendida como sonhos diurnos, a prática analítica mostra que sua dimensão tem uma amplitude e uma variedade extraordinárias. Nisso, a fantasia fundamental é algo como o resíduo do desenvolvimento de uma análise. Poderia ser situada como o resíduo da interpretação do sintoma.

Agora, para ajudar a compreensão do tema, podemos tentar entender três dimensões da fantasia.

Em primeiro lugar, a fantasia tem um aspecto imaginário, correspondente a tudo o que o sujeito pode produzir como imagens, tanto de aspectos do seu mundo quanto de personagens de seu ambiente etc. Foi o primeiro aspecto articulado por Lacan, e se pode observar, em um dos seus primeiros esquemas, como se situam todas as fantasias no que aí figura como relação a — ←— a', quer dizer, a dimensão imaginária.

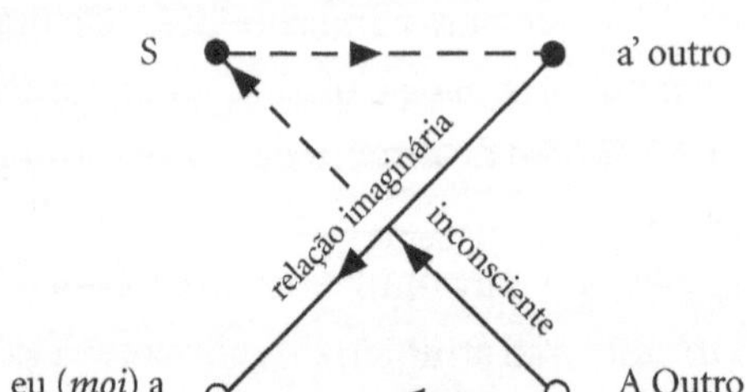

Com isso se obtém uma esplêndida simplificação de todo um material clínico, sem dúvida existente, mas que pertence, seja qual for a sua variada e extraordinária complexidade, à relação entre o indivíduo e suas imagens.

Aqui há algo que pode ser encontrado no ensino de Lacan, a saber, que toda essa dimensão pode ser simplificada na condução da cura.

Esclareçamos por último que há fórmulas e expressões de Lacan referidas à fantasia em sua dimensão imaginária que careceriam de sentido caso se tentasse aplicá-las às suas outras dimensões, também existentes, e das quais Lacan se ia aproximando depois dessa primeira teorização.

Em segundo lugar, com efeito, encontramos a dimensão simbólica da fantasia, aspecto já bem mais escondido.

É observável no fato de que a fantasia consiste, a cada vez, em uma pequena história que obedece a certas regras, certas leis de construção que são as leis da língua.

O texto fundamental de Freud sobre o tema, *Batem em uma criança*, mostra isso com toda a clareza: trata de uma fantasia que não é mais que uma frase, e cujos três tempos são certas variações gramaticais. Ou seja, já há em Freud uma *gramática da fantasia*.

É claro que se deve levar em conta que, contrariamente ao caso da dimensão imaginária, esse aspecto simbólico não aparece em um primeiro nível da experiência. Só quando a profusão, quando a selva da fantasia se decanta completamente é que a obtemos como frase com algumas variações gramaticais. Resultado esse que não se pode entender apelando só ao imaginário, e por isso se pode ver, nos Escritos, uma mudança na teorização respectiva de Lacan. Um deslocamento da ênfase, colocada inicialmente na dimensão imaginária da fantasia, em direção à questão da sua dimensão simbólica. Mas isso não é tudo. Ao efetuar esse deslocamento, Lacan não enfatizou a gramática da fantasia, e sim sua *lógica*.

Como sempre, um termo só obtém seu sentido em relação a outro, que poderia ter sido dito em seu lugar e não o foi. É por isso que o valor da expressão "lógica da fantasia" surge de não ter dito "gramática da fantasia".

É que a ideia de Lacan parte precisamente desta pergunta: que tipo de frase é a fantasia fundamental? Talvez vocês conheçam sua resposta: a fantasia fundamental é esse tipo de frase que, em lógica, se chama axioma. Depois veremos o que quer dizer que a fantasia, enquanto simbólica, seja definida como um axioma lógico, mas naturalmente é algo que tem a ver com esse Ⱥ, com essa falta no campo do significante. Mas antes de nos metermos por aí, vamos considerar a terceira dimensão da fantasia, da qual Lacan se ocupa em um momento já adiantado de seu ensino.

Ainda que pareça paradoxal, a dimensão fundamental da fantasia é sua dimensão *real*.

Dizer que a fantasia é um real na experiência analítica é o mesmo que dizer que se trata de um resíduo imodificável. No pensamento de Lacan, é um axioma que o real é o impossível. Aqui, por exemplo, trata-se do impossível de mudar. Por essa razão, para Lacan, o fim de análise é a conquista de uma modificação da relação do sujeito com o real da fantasia. (Questão que, de resto, é a que produz as variações do movimento analítico.)

Estamos ao mesmo tempo, e sobretudo, frente a uma questão da formação dos analistas que não se reduz às conferências, cursos e seminários. O problema é como conseguir essa modificação subjetiva do real. Como conseguir, com os meios da linguagem, com os meios do significante, com esses meios que são os únicos que o analista tem, como conseguir uma modificação do resíduo real da análise.

Por essas razões, a direção da cura requer que se conheça a delimitação exata entre sintomas e fantasias.

Quando se mantém a orientação correta, o desenvolvimento da cura está marcado pela obtenção de uma fantasia cada vez mais pura e mais trágica, mas creio que é muito difícil conduzir assim a cura caso se ignore a distinção entre sintoma e fantasia.

Há uma dinâmica do sintoma, que poderá ser mais ou menos rápida, mas é uma dinâmica. Em contraposição, há (e esta é uma expressão de Lacan em seu *Kant com Sade*) uma "estática da fantasia". É por isso que, para o analista, é mais difícil situar-se com relação a essa estática, e lhe é mais fácil dizer que são resistências ou que há resistências. Há uma inércia na experiência analítica, mas é disso justamente que se trata, poder vê-la como real, como resíduo da própria operação analítica.

Nesse sentido, também há uma verdade na análise das resistências – a existência desse componente real de inércia. Mas não se trata de um fator meramente negativo.

O que se deve sublinhar também, com relação à fantasia fundamental, é que, no desenvolvimento da cura, a fantasia se reduz cada vez mais a um instante essencial, ao ponto do instante. Na verdade, não tem, então, uma dimensão temporal. Nos *Escritos*, em um texto de Lacan de 1967, pode-se ler a expressão "o instante da fantasia". É algo a que se deve conceder toda a importância, pois implica que a fantasia não tem o mesmo tipo de tempo retroativo característico do sintoma.

O fato de que o inconsciente esteja estruturado como uma linguagem não implica que tudo se interprete, mas o que não se interpreta tem também uma função. Creio justamente que a direção da cura é a utilização, como instrumento, dessa fantasia reduzida. Ou seja, essa fantasia fundamental, que não se interpreta como tal, é em si mesma um instrumento da interpretação analítica.

O sintoma aparece frente aos olhos do próprio sujeito como uma opacidade subjetiva, como um enigma. O paciente não sabe o que fazer com essa irrupção, e por isso demanda interpretação. Se Lacan situa o sujeito suposto saber na entrada do processo analítico é porque, nesse momento, a demanda fundamental do paciente é relativa ao enigma, à interrogação que seu próprio sintoma lhe faz. E a dificuldade, diferente em cada caso, é que a fantasia se apresenta ao sujeito como transparente, e como se sua leitura fosse imediata. Então, a mudança que se tenta atingir no analisante é uma mudança dirigida a que ele se questione o que sua fantasia encobre.

É difícil situar com precisão a maneira pela qual a fantasia fundamental pode ser instrumento da interpretação, mas posso contar uma pequena história para nos aproximarmos da questão, aproveitando o fato de que me é mais fácil falar disso aqui do que em Paris. Trata-se de uma mulher que, de entrada, conta o relato com o qual se consolava. Talvez haja, devo dizer, uma diferença entre pacientes masculinos e femininos a esse respeito. Acho que é mais fácil obter o relato de fantasias de mulheres que de homens e, ainda que seja difícil demonstrá-lo, é coisa que pode ser articulada. Deixaremos isso em um nível intuitivo, mas lhes recordo que a maioria dos exemplos que figuram em *Batem em uma criança* corresponde a casos femininos, e isso não me parece casual. Voltando agora ao relato com que essa paciente se consolava, digamos que lhe era muito familiar porque lhe servia, desde muito jovem, para obter uma excitação sexual. Pode ser contado porque tem uma simplicidade e uma delicadeza que permitem transmiti-lo. É o seguinte: ser uma lavadeira, amar um sacerdote, arder queimada como uma bruxa. Devo esclarecer que tenho um grande respeito por essa paciente porque tudo o que ela dá na análise tem essa delimitação forte e precisa, o que não é o caso geral. É talentosa em sua relação com o inconsciente, algo em que as pessoas se diferenciam. Como é uma pessoa culta, com relação à sua fantasia evocava uma referência literária que vocês talvez conheçam: o romance de Victor Hugo *Notre-Dame de Paris*. Nesse romance se conta a história da bela Esmeralda, que não está apaixonada pelo sacerdote de Notre-Dame. Pelo contrário, o sacerdote a persegue, mas ela está apaixonada por um cavalheiro. Quasímodo é quem a salva dos embates amorosos do sacerdote. A partir dessa trama conhecida, ela introduziu uma variação que consiste em imaginar uma nova Esmeralda, apaixonada pelo sacerdote. Talvez tenha sido induzida a fazê-lo por se chamar Maria, como a Virgem, Notre-Dame tanto de Paris como de outras cidades. O caso é que se identificava, em sua fantasia, com essa nova Esmeralda relacionada com uma pessoa de autoridade, que normalmente fica à margem do comércio sexual, que um sacerdote encarna por excelência. Outras pessoas também podem encarnar esse personagem, contanto que sejam de classe superior à posição subalterna que ela se concede na estória. Depois, as coisas se concluem em uma queima, em uma coisa ardente, expressões que se repetem regularmente em tudo o que enuncia sobre suas paixões por uma série de homens, através de sua vida: "arder por um homem", "arder de paixão", "paixão ardente" (= *brüler pour un homme, brüler de passion, passion brülante*, onde *brüler* = queimar, arder). Evoca o que Freud, na *Interpretação dos sonhos*, formula como um "pai, não vês que estou ardendo?". Foi uma das minhas associações, mas nesse caso vinha bem porque o olhar do pai tinha para ela um valor essencial. Muito especialmente porque seu pai era zarolho, e devo esclarecer que a presença desse olho morto é estruturante nesse caso. Isso é bem-provado por uma frase que, em sua presença, um amigo disse a seu pai. Esse pai melancólico, que morava em uma região da costa francesa, tinha sempre "seu olho azul posto no mar" (sendo homófonos, em francês, "mar" e "mãe": *mer* e *mère*). Obviamente, sua preocupação é que esse olho, que não está aí, a olhe. É para esse olho que ela não deixa de arder com os homens que escolhe, e cujo traço especial é o de serem homens casados, com os quais só quer ter encontros violentos. Do ponto de vista sexual, tais encontros são perfeitamente satisfatórios para ela; não pode, no entanto, manter relações cotidianas com esses homens.

Algo difícil nesse caso é que, de certo modo, ela não tem sintomas de que se lamentar. Além disso, o risco de que o analista ocupe um lugar em sua série de homens com autoridade dá também a essa relação analítica sua dificuldade própria.

De qualquer jeito, o que quero destacar de essencial nesse caso é que a pequena estória – ser lavadeira, amar um sacerdote, arder queimada – é uma formulação completamente separada do resto de seu discurso. Como um monumento isolado que entretanto é, ao mesmo tempo, matriz de todo o seu comportamento. Por isso, a gente não tem que se hipnotizar com a diferença entre as fantasias e a fantasia, pois a fantasia é como um acordeão: pode recobrir toda a vida do sujeito e ser, ao mesmo tempo, a coisa mais oculta e mais atômica do mundo.

Procurei um exemplo este ano que pode agora permitir-nos retomar o nosso caminho a propósito de Ⱥ, pois demonstra precisamente a função da fantasia como resposta ao desejo do Outro.

Não é fácil encontrar um exemplo convincente dessa problemática, a não ser no campo cultural, literário. Lacan toma essa via quando trata da fantasia. Se compararmos as maneiras de Freud e de Lacan nesse ponto, observamos que o primeiro toma uma fantasia surgida em sua experiência clínica, enquanto o segundo toma uma elaborada literariamente: a fantasia de Sade. Há uma razão para escolher esse último caminho, e é que é muito difícil contar os próprios casos publicamente. Convém atravessar o Atlântico para isso. Mas há também outra razão, e esta é que uma fantasia como a de Sade alcança certa objetividade em sua produção literária, e todos podemos consultá-la.

Dos textos de Lacan, *Kant com Sade* é o que tem mais referências culturais. Faz referência a toda a literatura francesa, especialmente a dos séculos XVIII e XIX. No ano passado fiz um seminário, com algumas pessoas, para procurá-las: foi um trabalho de trinta pessoas, durante um ano, para recolhê-las todas.

Então, acho que é possível ter como exemplo emblemático uma fantasia propriamente literária. Escolhi uma porque foi como um jogo para escritores de várias épocas. Para pintores também, sobretudo barrocos. Alude, creio, a uma experiência da fantasia porque é uma apresentação ou ilustração do instante fantasmático. Instante que, como diz a fórmula $\$ \lozenge a$, *fixa o sujeito em lugar peculiar.* Observemos que o sujeito do significante, como tal, não tem lugar. Ele se move com o significante, e pode aparecer aqui e acolá, sendo sua localização sempre equívoca. Por outro lado, há na fantasia um lugar para o sujeito. Talvez seja por isso que todo o mundo ri quando se conta a fantasia de outro. Mas cada um tem a sua.

Esse instante fantasmático que escolhi é a história de Diana e Acteão.

Trata-se de uma espécie de fantasia compartilhada, de maquinação comum na literatura barroca, e ilustra de maneira evidente o que Lacan chama "o instante de ver". Pois se trata disso: de ver a deusa nua e das consequências desse ato.

Na história de Diana e Acteão convergem vários temas, e poderiam ser acentuados estes ou aqueles. Há o tema da beleza surpreendida, o da visão do olho, o do caçador, o dos cachorros... Por isso, o sentido da fórmula $\$$ punção *a* ($\lozenge$ não é um rombo, é marca) é ser uma escritura que não propõe a fantasia como frase e sim como a relação do sujeito com um objeto um pouco especial. É a escritura da fixação do sujeito por um objeto especial.

Farei um pequeno resumo dessa história, conhecida por todos. Acteão, um caçador, perde-se na selva (como a das fantasias) quando, na curva de um caminho, descobre a deusa Diana nua, tomando banho entre suas ninfas. Depois, geralmente, é transformado pela deusa em cervo e devorado pelos cães que ela lhe açula.

Tenho em Paris um catálogo de quadros sobre essa história, cujas ilustrações são inumeráveis. Algumas correspondem ao momento anterior, quando Acteão se aproxima. Outras, ao instante mesmo em que vê a deusa. Há, ainda que sejam mais raras, as que ilustram o momento em que os cachorros o devoram. Também é uma imagem que se pode encontrar nos *Escritos* de Lacan. Utiliza essa referência em duas ou três passagens, mas não a propósito da fantasia e sim entre suas referências barrocas.

Entre as deusas, Diana é uma deusa virgem. É ao mesmo tempo cruel e maléfica. Ela própria é caçadora, apesar de nessa história terminar caçada pelo caçador. Caçada, e não casada, pois é a deusa que rejeita o casamento por antonomásia. Acteão, por seu lado, não é somente um caçador - é um *voyeur.*

Recordemos que, se Diana é a figura desumana por excelência, falar da mulher como "a desumana" é expressão típica do teatro do século XVIII, e até anterior, própria do amor cortês.

O fato de Diana não aceitar submeter-se à escolha do sexo pode levar-nos a considerá-la, talvez, uma histérica. Lacan a identifica com a verdade, no sentido da verdade que ele faz falar em *A coisa freudiana*. A verdade, como se sabe, é mulher, e isso justifica a identificação que lhes proponho: tomar Diana como um emblema e refletir antes sobre sua história enquanto sujeito. Isso se justifica porque Acteão, evidentemente, se apresenta ao final - quando os cachorros o devoram - como um resto, um objeto. ("Ser comido pelos cães" é também o que acontece com Atalia, na tragédia homônima de Racine, de onde Lacan extraiu seu exemplo sobre o ponto de basta.)[27]

Podemos dizer que, na história que comentamos, Diana "*se derobe*", o que quer dizer em francês que se desnuda, mas também que escapa. Escapa quando se manifesta o desejo desse pobre Outro, Acteão. Diana é justamente a deusa que deseja que o Outro sexo permaneça como Outro, e essa é sua função propriamente mitológica. Por isso é que fica o tempo todo entre suas ninfas, só mantendo relações com seus animais, seja para matá-los, seja para fazê-los lutar. De modo que, na própria mitologia, Diana é a que rejeita o homem. Há uma obra moderna que pode ser contraposta à história de Diana e Acteão. Trata-se da obra de Marcel Duchamp que se chama *A casada despida por seus solteiros*. É realmente o contrário, pois o problema de Diana entre os deuses consiste no fato de não ser casada.

Façamos agora pequenas variações sobre essas estórias tão bem-estruturadas. Que aconteceria, nessa estória de Diana enfrentada ao desejo do Outro se, por exemplo, ela fosse fóbica?

Não é difícil responder. Se Diana fosse fóbica – o que não é completamente impossível na mitologia –, seus cães já estariam realmente lá antes da aproximação de Acteão. Vão na vanguarda e, no momento em que se manifesta o desejo do Outro, os cachorros já estão latindo. O extraordinário na fobia é que os cachorros latem contra o próprio sujeito, mas para impedir a aproximação do desejo do Outro.

Lacan, que não creio que fale de fantasia fóbica e sim de desejo fóbico, nos dá a seguinte fórmula deste último: "O desejo fóbico", diz, "é um desejo prevenido." O que quer dizer, exatamente, que os cachorros latem antes de Acteão aproximar-se. Funcionam como um sinal de que há um desejo do Outro, e assim o sujeito fica prevenido, avisado de sua aproximação. Dito de outro modo, os cachorros antecipam. São o sinal que antecipa o assinalado e impede que se aproxime do desejo do Outro.

Nessa variação que comentamos, o que se supõe é que Diana tem medo de seus próprios cães, assim como o pequeno Hans tem medo dos cavalos. Ambas são maneiras de se proteger da angústia suscitada pelo desejo do Outro. Destaquemos, de resto, a presença dos animais, que são uma instância fundamental na fobia.

Qual seria a situação se, em vez disso, Diana fosse histérica? Talvez se trate, na mitologia, de uma histérica.

Por um lado, ela exige que se respeitem seus "semblantes" (palavra técnica lacaniana), e se vê, quando a representam nua, que seu valor fálico é evidente. Mas precisa de véus na própria estória, e talvez seja uma histérica que utiliza seus véus para provocar no Outro a tentação de descobri-la. Não sabemos o que se passa pela cabeça de Diana, mas pode ser que ela mesma tenha organizado a aproximação de Acteão para matá-lo depois. Eis aqui uma contradição que Freud menciona ao descrever o ataque histérico de um sujeito cuja pantomima consistia em dois movimentos contrários: com uma das mãos prendia o seu vestido, e com a outra o tirava. Para Freud, isso é típico da fantasia histérica, pois a histérica se comporta como uma mulher e como um homem ao mesmo tempo. Com uma das mãos se protege – como uma mulher – do desejo do homem, e com a outra se comporta como o homem que lhe vai tirar o vestido. Talvez depois fale um pouco mais sobre essa apresentação freudiana da fantasia da histérica, com suas contradições a propósito da nudez, que ele vê como expressão da bissexualidade. Por enquanto, o que podemos dizer, na história de Diana e Acteão, é que esses dois movimentos estão separados.

Também poderíamos dizer algo sobre como seria Diana se fosse obsessiva. Na mitologia, ela o é um pouco, pois está completamente obcecada pela caça, sua paixão exclusiva. Se fosse obsessiva, Diana não lançaria os cães a Acteão depois do instante de ver, os enviaria quando Acteão estivesse a três quilômetros dela. Assim como há o "homem dos ratos", poderíamos falar da "mulher dos cachorros".

O importante é que se pode fazer muitas variações a propósito disso. Por exemplo, agora podemos inverter a estrutura da fantasia, construindo as coisas através dos olhos de Acteão. Esse caso é perfeitamente considerável porque Diana é, sem dúvida, o *fascinum* da fantasia. A desaparição do pobre Acteão no final da história pode representar, então, o eclipse do sujeito. Vemos que, ao contrário dos sentimentos, que são recíprocos, o desejo não tem por que corresponder necessariamente ao desejo do Outro. O suposto da história – já muito longa, pois me é difícil contar isso em castelhano – seria que há deuses angustiados. Os deuses não eram neuróticos, e geralmente eram eles que angustiavam, mas talvez coubesse a exceção de Diana. Por isso creio que a peculiaridade dessa história, e o motivo de sua fascinação, é sugerir que há um homem capaz de angustiar uma deusa. Obviamente, esta o faz desaparecer no mesmo instante.

Acho que isso pode ajudar também a situar a antinomia entre o desejo e o gozo, antinomia na qual vemos especialmente o neurótico.

Pode-se dizer que o neurótico se defende do gozo através do desejo, enquanto o perverso, pelo contrário, assume o desejo como vontade de gozo. A fantasia deste último está baseada em um distanciamento, em um deixar de lado a demanda do Outro, em sua problemática, portanto, de submissão ou coação. É verdade que Sacher-Masoch negociava com sua esposa para que esta o coagisse. E sabemos disso porque ela nos deixou suas *Memórias* sobre as relações com Masoch. A senhora Masoch era uma santa.

Para um masoquista, uma Diana nua não é interessante. É necessária para ele uma Diana vestida e, se possível, com peles. Aqui teríamos outra variação possível da história de Diana e Acteão. Nunca foi representado um Acteão tentando ver uma Diana vestida com peles, variação que daria, certamente, uma diferença de estrutura. Aqui se pode ver o caráter irrisório da máquina masoquista, e se deve levar em conta que existe o tempo todo, na problemática perversa, esse tipo de objetos suscitados por sua fantasia.

Se o perverso nada diz da antinomia entre desejo e gozo, é porque aceita o gozo do Outro. Aceita colocar-se como instrumento do gozo do Outro. Toda a leitura que Lacan faz da fantasia de Sade demonstra que o que está escondido aí é justamente que o perverso, em sua fantasia, aceita ser um instrumento do gozo do Outro. Em Sade, deve-se ver o trabalho extraordinário que esses verdugos têm. São realmente trabalhadores. Trabalham 120 dias fazendo isto. Os outros, por seu lado, recebem. É verdade que recebem pancadas, mas recebem.

Tal é a situação em Sade, e se há certa conexão entre a perversão e o desejo masculino, é porque o destino do desejo masculino é o de dar o instrumento. O que difere da conexão entre a mulher e a sublimação. A sublimação é fazer algo com nada.

Enquanto o perverso ataca, o neurótico se defende. E se defende através do próprio desejo que o angustia. Por isso, estamos aqui diante de um nó paradoxal.

É que as coisas ficam difíceis para o neurótico quando os cachorros não estão.

Para Lacan, a fobia – ou seja, onde os cachorros estão – não é de modo algum uma grande entidade clínica especial. Na América Latina, é usual considerar a fobia como uma grande estrutura clínica, mas não creio que seja esse o caso para Lacan, para quem a fobia é como uma plataforma giratória; um momento anterior, em que se pode escolher uma estrutura clínica. *Ou seja, em uma fobia verdadeira não há fantasia*, pois os cachorros realmente estão. O problema, tanto na histeria quanto na obsessão, é que não estão os cachorros quando se manifesta o desejo do Outro. O que é um grande problema. Vocês devem conhecer a história de Sherlock Holmes chamada *O cão dos Baskerville*. O seu ponto central reside no fato de que, na tal noite, o cachorro dos Baskerville não late. Então há algum problema, e se tem que recorrer a um Sherlock Holmes.

Que acontece então quando os cachorros não estão para responder à manifestação do desejo do Outro?

Acontece, tanto na histeria quanto na obsessão, a tentativa de manipulação da fantasia de maneira que o Outro apareça como completo. Quer dizer, manipular as coisas de modo a que o Outro apareça, por exemplo, como dono e senhor do seu desejo, o que equivale também a ficar sem desejo. Para que exista um desejo, é necessário que, em algum ponto, se fechem os olhos, pois ver tudo mata o desejo. Há um romance do século XIX, de Villiers de

L'Isle-Adam, chamado *Eva futura*, no qual se trata de uma mulher mecânica que é a mais bonita, a mais amante, a mais inteligente, e também a mais submissa do mundo. Lacan diz, sobre esse personagem feminino tão importante, que a dificuldade para entabular uma relação com ela reside no fato de que pode ver tudo. Ver tudo mata o desejo. Por isso, o desejo fecha os olhos – e aqui estamos também ante um problema de Acteão. Por que não representar um Acteão cego?

Como se produz um Outro completo na histeria? Podemos observar como a histérica manipula sua fantasia na cura analítica. Como manipula sua fantasia na ausência dos cachorros, pois insisto em que não há cachorros na histeria, só os há na fobia.

Um sujeito histérico se apresenta como alguém que não tem seu lugar no Outro, como alguém sem alojamento no Outro. Por essa razão, o sujeito histérico é por excelência $\$$, o sujeito barrado, um sujeito sem lugar, sem habitação no Outro.

Essencialmente, é disso que se lamenta, de modo peculiar segundo a ocasião. Lamenta-se, na experiência analítica, dessa falta do significante que poderia engatá-la ao Outro.

Diana circula na selva, e não é cidadã; mas se fosse histérica, mesmo que estivesse na cidade seria como se estivesse no bosque. Talvez eu veja as coisas por esse prisma porque em Paris meu consultório fica perto do Jardim de Luxemburgo, onde há ninfas diversas, e também poetas, estudantes, homens de ciência... Um ambiente muito rico e muito diverso. Contudo, parece-me que não é pelo Jardim de Luxemburgo que o histérico se apresenta como estando sem lugar, sem alojamento.

Que é que poderia dar-lhe um lugar?

Precisamente um significante que o represente. A seguinte escritura de Lacan é para os sujeitos que têm um significante que os representa:

$$\frac{S_1}{\$} \longrightarrow \frac{S_2}{}$$

Mas o problema histérico, fundamental na neurose, consiste justamente nisso: que o sujeito se apresenta como

$$\frac{\$}{} \longrightarrow \frac{}{}$$

sem seu lugar significante. Apresenta-se não submetido, rebelde a um significante, e por isso fundamentalmente como sem lar, ou esmagado por um lar, voluntariamente à margem da humanidade.

Temos que saber que o sujeito histérico, quando nos vem procurar, vem é buscar um lugar no Outro, e é assim que devemos recebê-lo: como um sujeito que vem buscar um lugar no Outro e que não consegue encontrá-lo.

Isso pode, às vezes, trazer dificuldades, como considerar-se no consultório como em sua própria casa; e se isso pode ser difícil é porque ao mesmo tempo considera uma ofensa perturbar a vida dos outros. Imagina precisamente que tem o dever de ensinar ao Outro, que imagina completo, a verdade do desejo. Por imaginar o Outro completo, pensa que seu dever é pôr a falta a seu cargo, e mostrá-la.

É necessário que o analista respeite seus semblantes, dos quais é pródigo, porque lhe permitem certo engatamento ao Outro, no lugar de um significante. O obsessivo se engata ao Outro como a um significante no qual crê do modo mais tenaz, mas para o histérico é muito mais difícil, pois seu engatamento, embora resistente, é ao mesmo tempo frágil e variável. Não há apenas sete véus, e sim uma multidão de véus sob os quais o histérico não sabe se há algo, o que o leva, às vezes, a se lamentar de parecer mentiroso. Essa lamentação histérica, apresentada em certas ocasiões do modo mais distraído e tangencial, é, no entanto, uma das coisas mais trágicas que existem no mundo.

É verdade que a histeria mudou no modo de se manifestar, mas hoje também podemos encontrar a mesma coisa que Freud encontrou: sua mentira originária. Sem dúvida, o Outro mudou, e essa mentira originária já não tem tanto campo para mostrar seus efeitos, para desenvolver suas possibilidades. São necessários, para isso, mestres mais consistentes que nós. Mas se hoje são menos espetaculares as manifestações histéricas, encontramos também aquilo que foi visto por Freud, que Lacan escreveu como $.

Deve-se levar em conta que, em comparação com uma histérica, o analista parece tosco, mas é nela que há uma dor de existir nesse vazio fundamental.

Por isso, na direção da cura, devemos respeitar seus semblantes e lhes permitir fabricarem e produzirem seu dinheiro falso. Têm propensão a produzir dinheiro falso. Aceitei o dinheiro falso de uma histérica durante um ano: pagava-me em cheques, mas sob a condição de que eu não fosse ao banco recebê-los. Aceitei esse jogo, embora depois, obviamente, e com seu consentimento, tenha ido ao banco (não se deve trabalhar por nada). Mas esse jogo tem que ser respeitado porque não é um embuste, é um desejo. A prova é que isso foi perfeitamente compatível com o fato de me dar presentes. Ao mesmo tempo, dava-me presentes, e o que é um presente quando o dá um analisante histérico? É uma forma de se fazer representar no consultório, de se inscrever no Outro, de permanecer aí durante sua ausência física. É possível que seja difícil para uma histérica ir embora ao terminar a sessão, pois tem certa adesividade. Poder-se-ia dizer que é uma chata, ou, em francês, que "*c'est une emmerdeuse*". Mas não é elegante dizê-lo, pois temos que considerar que é a sua maneira de ocupar um lugar no Outro, que supõe ser de cimento, no qual quer cavar seu buraco. Deseja barrar o analista como Outro e revelar-lhe – a ele, que se pensava como um A completo – que é um A barrado.

Por isso também é necessário, na direção da cura, demonstrar ao analisante que o analista não é esse A completo, demonstrando-lhe a existência de um desejo. Não se pode conduzir a cura de uma histérica sem demonstrar essa falta, e isso é também uma indicação clínica de Lacan, que pode ser encontrada em seus *Escritos*. Tudo reside na maneira, no como demonstrá-lo, peculiar segundo cada ocasião. Mas é um momento inevitável na análise do sujeito histérico. Não se trata de sedução, como se diz grosseiramente. Trata-se de suscitar a falta no Outro.

O sujeito histérico pede que acreditem nele, mas, ao mesmo tempo, não acredita em si mesmo, e é por essa falsidade essencial que é o sujeito mais adequado para representar a verdade. Pois a verdade nunca aparece nua, como a gente imagina, mas sempre vestida. Se saísse nua, de qualquer jeito seria preciso procurar atrás do vestido de sua pele, como ilustra a estória de Alphonse Allais em que esfolam a bailarina depois da queda dos sete véus.

O obsessivo manuseia sua fantasia de maneira muito diferente, mas falaremos disso na próxima intervenção.

P: Em que sentido Lacan ou você usam a palavra "gramática" em uma expressão como "gramática da fantasia"? No sentido de gramáticas formais, gramáticas matemáticas ou gramáticas linguísticas?

R: Não, não. Gramática... da escola. É somente uma alusão ao modo com que Freud trata a fantasia em *Batem em uma criança*. Ele aí reconhece transformações gramaticais mínimas – por exemplo, do passivo ao ativo etc. –, mas suficientes para falar de uma gramática da fantasia. O importante, como introdução ao que vem em seguida, é que Lacan não põe o acento sobre a gramática da fantasia (acento de Freud, que sem dúvida aceita), mas sim sobre outra dimensão simbólica, que é a lógica da fantasia.

Não muito desenvolvida, pois em seu seminário sobre *A lógica da fantasia* não há muita coisa sobre a fantasia. Há, no entanto, esse acento posto ao final e um pouco enigmático: a fantasia é como um axioma.

P: A pergunta também estava baseada no fato de que Lacan trabalha estritamente o conceito chomskyano de gramática, em "Problemas cruciais". Conceito esse que, evidentemente, desqualifica.

R: Ah! Vamos permanecer em um nível muito mais próximo da clínica do que aquele que suporia nos perguntarmos sobre a gramática chomskyana etc. Poderia falar sobre o tema, pois há quatro ou cinco anos, quando saiu o livro de Chomsky *Rules and Representations*, fiz um seminário sobre o mesmo para demonstrar como Lacan, em sua *Instância da letra*, rejeitava em duas frases toda essa dimensão biológica suposta por Chomsky. Não é exatamente o nosso tema, mas posso acrescentar que as duas frases de Lacan são as seguintes: "*que não se pode confundir a linguagem com os órgãos que servem a essa função no indivíduo*". Quer dizer, a linguagem não é uma questão de produção individual. E nosso ponto de vista fundamental é "*que a linguagem preexiste ao sujeito que nela ingressa*". Já existe antes da questão de aprendê-la. Por isso, o problema – primeira maneira de Lacan enunciá-lo – é saber como um sujeito, um indivíduo, ingressa em uma linguagem já existente. Ainda mais: de como a linguagem já existe para cada um antes da existência do indivíduo. Não é só Lacan, um Popper também viu isso. Por isso, para nós, o sujeito se produz a partir dessa linguagem preexistente, e então a problemática do caráter orgânico da gramática não nos é uma questão pertinente. Era o ponto de vista de Lacan já em 1957, e permite evitar as elocubrações de Chomsky. Deve-se dizer dele que é um grande linguista, mas não existe como biólogo. Também devemos dizer, com respeito, que é um delírio chomskyano sua elocubração sobre a biologia.

P: Você dizia que a fantasia, diferentemente do sintoma, é um resíduo que não se pode mudar. Interesso-me por isso de "resíduo", "resto", "dejeto", porque são expressões que mencionam o objeto "a". Que relação teria este último tanto com a fantasia quanto com o sintoma? Além disso, gostaria que esclarecesse um pouco acerca do caso clínico que apresentou. Você diz que a paciente, curiosamente, não tem sintomas. No entanto, assinala que não pode relacionar-se de maneira cotidiana com os homens com quem tem intercâmbio sexual. Esse não poder, então, não pode ser considerado um impedimento, no sentido de Lacan, um ser preso na armadilha, um sintoma?

R: Para nós, sim, mas não para ela. Até agora; veremos se muda. Ela se encontra satisfeita assim, e não imagina mudar. O interessante, mas também o difícil, é que temos que esperar. Temos que esperar para ver se vai sintomatizar isso. Pode ser que não seja imediato. De certo modo, a análise aqui contribui um pouco para manter essa situação. Porque pode, por um lado, manter com a mesma uma intensa relação de amor não físico e, por outro lado, manter, além disso, esses encontros físicos. Com essa separação, as coisas andam relativamente bem para ela. Ou seja, estamos diante de certa imobilidade do dispositivo. Não posso entrar muito nos detalhes desse caso, mas posso dizer que de certo modo configura uma problemática masculina. Refiro-me a essa separação: por um lado, o amor (mesmo sendo analítico, trata-se de amor); por outro, o sexo. Lacan assinala que a problemática erótica feminina permite coincidir, sobre o mesmo objeto, amor e desejo. Dizemos aqui desejo, apesar de ser um desejo que é também gozo, mas Lacan ainda não havia separado ambos os conceitos. A problemática erótica masculina consiste, em lugar disso, no fato de que se produz uma divergência entre os dois. O problema dessa paciente, se é que tem algum, é precisamente viver dentro dessa divergência. Têm que ver como trata os homens que vão para a cama com ela! Às vezes eles desejam um pouco de amor, mas quando manifestam essa demanda ela os rejeita de maneira brutal.

P: E com relação à primeira parte da minha pergunta, a fantasia como resíduo e sua relação com o objeto "a"?

R: Exatamente. Há uma relação. A fantasia fundamental nos apresenta esse objeto "a" como um produto do próprio discurso analítico. É algo que pode ser difícil de entender em Lacan; que o objeto "a" seja, de certo modo, uma produção de nossa operação. Mas, para entendê-lo, deve-se pensar na decantação da fantasia fundamental. É uma responsabilidade o fato de que o desejo do analista seja obter de um sujeito a sua fantasia fundamental: não é nada encantador obtê-lo. A fantasia fundamental de um sujeito não é algo especialmente elevado. Essa é, ao que me parece, a responsabilidade mesma do ato analítico. Essa revelação também se produz exatamente no momento em que cai o sujeito suposto saber. Ou seja, quando se manifesta a falta no Outro, sua anulação. (Amanhã falaremos disso com mais precisão.)

P: Nas duas palestras, a desta manhã e a de agora, você acentuou a diferença entre sintoma e fantasia. Inclusive, quando hoje delineou as três dimensões da fantasia, situou o real como fundamental, ao passo que foi acentuada a articulação significante, para o sintoma. Pois bem, em Lacan – e em um trabalho seu não muito longínquo, *Réveil* –, o sintoma é considerado uma possibilidade privilegiada de acesso ao real. Gostaria que dissesse alguma coisa sobre isso.

R: É certo, completamente certo. A questão, para mim, é ter que dar certa progressão às coisas. É verdade que essa oposição entre sintoma e fantasia é algo que eu entrevi em 1980, mas, com o aprofundamento da minha própria prática analítica, adquiriu agora mais força. Foi para mim, e creio que também para a plateia francesa do meu curso deste ano, uma novidade que tanto exigia mudar algumas perspectivas anteriores quanto descobrir que essa diferença, essa oposição, já estava em Lacan e, de certo modo, também em Freud. Eu tinha naquele ano, parece-me, dificuldade para entender como se articula o real da fantasia, seu caráter de resíduo da operação analítica, com seu aspecto de frase. Como articular, ao mesmo tempo, seu caráter real e de frase articulada. Como situar a fantasia como real e simbólico ao mesmo tempo. Uma solução seria dizer, coisa que a fantasia manifesta, que há um real do simbólico. Um real do simbólico é exatamente o sentido que vou dar à expressão de Lacan "a fantasia é um axioma". Acho que é uma forma de expor de que maneira uma articulação significante pode estar no lugar real, pois um axioma é o que não se muda em um sistema lógico. Funda o sistema, mas está apartado dele. E isso me parece ser exatamente compatível com a frase de Freud que li, essa frase extraordinária: "*O analista tem que admitir que essas fantasias subsistem apartadas do resto do conteúdo de uma neurose e, no fundo, não encontram um lugar apropriado na sua estrutura.*" Creio que quando Lacan diz "a fantasia é um axioma", trata-se da formalização dessa intuição freudiana, da maneira de poder ver como uma articulação simbólica pode estar ao mesmo tempo no lugar real, de algo que não muda. É bem certo que isso dá uma posição muito paradoxal à fantasia que, parece-me, explica por que a literatura a seu respeito é muito mais reduzida do que a existente sobre as formações do inconsciente. Só houve literatura analítica sobre fantasias imaginárias, coisa criticada por Lacan, porque um catálogo de fantasias não explica coisa alguma. É necessário descobrir a articulação simbólica da experiência. Daí que opine ser indispensável situar, na condução da cura, esse ponto limite da fantasia fundamental. Mas não para esquecer o sintoma. Dei ao meu seminário deste ano, em Paris, o título "Duas dimensões clínicas: sintoma e fantasia", de onde provém o que dei a este, já há algum tempo. Mas em Paris, um mês depois de iniciado o curso, o título já era um pouco diferente: "Do sintoma à fantasia e retorno". O dever do analista também tem relação com os sintomas, mas é necessário um percurso através das fantasias. Tal é a indicação de Lacan. Amanhã veremos onde situar o sintoma, e onde a fantasia, e qual é a tese freudiana a esse respeito. A primeira intuição de Freud, quando escreve sobre as histéricas, é que há uma implicação da fantasia no sintoma. Intui que há uma fantasia dentro de cada sintoma, coisa que se pode ver de modo exatamente igual no grafo de Lacan, se observamos a imediata implicação que há entre s(A), lugar do sintoma, e $\$ \lozenge a$, lugar da fantasia.

III

O sujeito obsessivo não precisa, como o histérico, que lhe garantam suas palavras e seus comportamentos. Se este último pede que a gente seja fiador de seu dinheiro falso, o primeiro, pelo contrário, vai querer oferecer-lhes sua própria garantia. O obsessivo propõe-se como fiador do analista. Seu problema é dar garantias ao grande Outro, e também a nós, se nos confundimos com o grande Outro.

Tal é a sua maneira, obsessiva, de nada ter a ver com a gente, pois o obsessivo quer fazer o necessário, o que tem que fazer, e mais nada.

O sujeito histérico situa-se como Mestre, coisa assim, escrita na correspondente fórmula de Lacan para seu discurso. Contrariamente, o sujeito obsessivo situa-se voluntariamente como escravo e, mesmo que seja um rebelde, sempre o será em nome de uma lei. Quer, sem dúvida, uma relação com o Outro, mas na medida em que essa relação se ajuste a determinadas regras. As mesmas regras, precisamente, que o histérico não suporta, pois estar tudo em regra é uma forma de matar o desejo.

E temos que reconhecer que a maioria da humanidade quer que tudo sejam regras, que tudo esteja em regra, que tudo aconteça segundo as regras. Há um bom exemplo disso nas comédias de Molière, no personagem do médico molieriano. Estamos aí diante de um desejo do qual se pode dizer que já não é só de viver, mas de morrer em regra. O importante do médico molieriano não era sua capacidade de curar. (Era difícil, para a medicina do século XVII, curar qualquer coisa.) O importante era que deixasse morrer, mas – isso sim – em regra, dentro das regras.

O obsessivo é obediente e não cria problemas quanto a isso; mas o capricho, o Outro caprichoso, o revolta. Pode-se dizer que aceita a bota, mas não o capricho. Tal é a maneira de estabelecer a permanência e a consistência do seu eu, tendência essa que determina, correlativamente, as intermitências de seu desejo, os desvanecimentos de seu desejo diante do objeto.

Assim vemos a função, nele, da vigilância. Não só a que determina a sua típica dificuldade de dormir, mas também a vigilância diurna, que lhe é igualmente cansativa. Aí há uma dificuldade própria do obsessivo, pois a vigilância é um esforço de todo o seu ser. Faz muitos esforços para assegurar sua permanência.

Essa questão é observável na direção da cura.

Um analista pode obter a histerização ou a neurotização obsessiva do paciente, o que vai depender estritamente da sua própria posição.

A psicanálise pode obsessivizar o paciente e levá-lo a crer nas regras como um médico de Molière, de maneira cega. É frequente que isso aconteça com relação ao enquadre analítico, e nesse caso se trata de um "não importa o que se passe, o enquadre tem que ser mantido". Vocês sabem, a esse respeito, que Lacan não aceitava os *standards*, as regras desses novos médicos de Molière da Internacional, e a razão disso não é que fosse histérico. Disse sobre si mesmo, às vezes, que era histérico, obsessivo, psicótico, mulher etc. Tampouco é exato que os lacanianos façam qualquer coisa com essas regras. Mas quando a análise toma uma vertente obsessiva, a verdade da conduta do analista, assim como o que se pode ouvir do seu desejo em todas as suas enunciações, é: "Você pode morrer, que não me importa." Tal é a verdade da conduta molieriana desses analistas que obsessivizam o paciente.

Não conheço muitas coisas de dentro da Internacional. Conheço, em Paris, as histórias do lado dos lacanianos. Mas há um livro de uma jornalista norte-americana, Janet Malcolm, publicado há um ano, que traz muitas histórias da Internacional de Nova York. Ela não é lacaniana nem nada do estilo, mas através de seu livro a gente pode ter uma ideia dessas coisinhas de Nova York, como aquela história que ilustra com perfeição o estilo "você pode morrer, que não me importa".

Uma paciente, em Nova York, comparece ao consultório de seu analista "ortodoxo", como se diz. Chega com a cabeça completamente enfaixada, por um grave acidente que teve. A história é só isso: que o analista não diz nada, não faz qualquer menção a respeito. Seria sair da sua função. Agora, é claro, ela não volta mais.

Essa história tem, para mim, a marca da verdade, e estou seguro de que aconteceu, pois obedece a uma lógica: a de que, nesses casos, o analista deve fazer o que pelas regras tem que fazer, estritamente, sem qualquer palavra a mais.

Na prática analítica, a vertente de Lacan é o oposto. Por exemplo, quando pacientes seus estavam hospitalizados por doenças graves, ia vê-los. E sua presença, para todos eles, não se reduzia às sessões curtas, tema de calúnia durante anos. É verdade que praticava sessões de tempo variável, em geral muito mais curtas do que exigem os *standards* da Internacional, mas ao mesmo tempo seu *holding*, se se pode dizer, era muito mais amplo que esse *holding* reduzido de maneira obsessiva. Assumia uma responsabilidade verdadeiramente maior por seus pacientes.

Quando a gente fala da maneira com que os pacientes se apresentam na sessão, ou quando os retratamos, se produz um veio satírico que se comprova pelos risos que às vezes suscita uma exposição como esta. Sempre está presente esse elemento quando se descreve o comportamento humano. É difícil fazê-lo por isso, e por isso também temos que poder dar um estatuto estrutural a essa descrição.

Encontrei em Lacan algo com que dar uma base a essa descrição. Todos esses comportamentos humanos são respostas, que cada vez se concretizam de um modo peculiar, à questão do desejo do Outro. Respondem assim quando lhes surge A, o Outro barrado. Portanto, cada estrutura clínica tem o que se pode chamar – e assim Lacan o chamou certa vez – sua própria "pantomima", ou seja, sua própria estratégia ante a questão do desejo do Outro. Diferente no histérico e no obsessivo, essa resposta concreta é sua fantasia, no sentido mais amplo da palavra. Não no sentido da fantasia fundamental como resto da operação analítica, e sim a fantasia como "sua maneira de ser".

Sobre isso, Lacan nos deixou indicações clínicas muito precisas. São poucas nos *Escritos*, mas são chaves para a condução da cura. Uma delas: o essencial, na fantasia histérica, em qualquer ocasião, é a função da outra mulher.

Deve-se ser prudente nas generalizações clínicas, mas se pode dizer que, a cada vez que nos encontramos com um sujeito histérico, o que vale é o "*cherchez la femme*". Tem que ser procurada... a outra mulher. Porque a forma que a questão do desejo do Outro assume na histeria é sempre a de uma questão sobre o sexo, sobre o sexo que o sujeito tem. Não é igual no obsessivo, para o qual a questão do desejo do Outro é a da sua própria existência no mundo. Recentemente eu falava aqui com dois analistas que vinham juntos discutir casos. Foi como uma apresentação clássica, pois um trazia um caso em que era evidente a insistência na questão do sexo, enquanto que, no outro caso, o predominante era o problema da existência e da origem do indivíduo. Às vezes podemos, assim, de forma muito simples, diagnosticar os casos.

No sujeito histérico, a outra mulher tem essa função preponderante porque a questão sobre o sexo é sempre uma questão sobre o Outro sexo. Não é verdade que aqui haja reciprocidade, pois o Outro sexo como tal, para ambos os sexos, é o sexo feminino. É o Outro sexo tanto para os homens como para as mulheres. Daí que o sujeito histérico, para quem essa fundamental questão humana tem toda a sua intensidade, espere sempre atingir a resposta através de uma mulher.

Freud havia visto isso à sua maneira, maneira que se dobrou, se curvou um pouco, por sua relação com Fliess e seu conceito de bissexualidade. Foi o seu modo de dizer que o sujeito histérico se identifica com o homem, toma seu lugar para explanar sua pergunta sobre a feminilidade.

Quanto ao conceito de bissexualidade, conceito um pouco delirante (sabemos que Fliess era delirante)... Não se sabe que Fliess era delirante?... Não conhecem seu livro sobre o nariz? Ah!, é um texto fundamental para a história da psicanálise. Foi traduzido na França, na coleção do dr. Lacan, para que se possa ver quem ocupou o lugar de analista de Freud. Vocês sabem que não há uma autoanálise de Freud, ele foi analisado. Analisou-se na sua relação com Fliess e, durante todo o período de invenção da análise, este último, com suas teorias sobre o nariz, foi para ele exatamente um sujeito suposto saber. Por isso, sua palavra tinha um valor incrível para Freud. Pode-se falar, então, de relação transferencial de Freud com Fliess, e não importa que esse sujeito suposto saber fosse um delirante. É por essa razão que a gente pode analisar-se com tipos mais ou menos do estilo de Fliess!... A noção de sujeito suposto saber indica justamente que não é que um sujeito saiba. Não precisamos assegurar isso; um suposto saber já é suficiente...

Após essa pequena digressão sobre a pessoa de Fliess, retornemos ao seu conceito de bissexualidade. O conceito de Lacan que o substitui é: "*Il n'y a pas de rapport sexuel*", não há relação sexual. Não se trata, então, de bissexualidade e sim de nulissexualidade, pois o objeto "a", como tal, não tem sexualidade. Retomaremos isso em outra oportunidade, já que o que nos ocupa agora é destacar a importância de situar, na fantasia histérica, a outra mulher. Essa outra mulher que o sujeito histérico, de certa maneira, oferece ao homem. Oferece-a a um "*homme de paille*", segundo a expressão de Lacan, quer dizer, a alguém que lhe serve de testa de ferro.

Uma mulher histérica aluga seu corpo a outra mulher, o que se pode observar não só nos casos clássicos, mas em cada ocasião em que se constrói a fantasia histérica.

A esse respeito, encontrei uma fantasia feminina muito mais complexa que a masculina aparentemente correlativa. Uma fantasia masculina considerada clássica é a de fantasiar outra mulher quando está trepando. Pois bem, essa fantasia feminina que encontrei, mais complexa, mais difícil de entender, não consiste em fantasiar que é outro homem que está trepando com ela, é fantasiar que esse homem está trepando com outra mulher que não é ela. Quer dizer, oferece ao homem seu próprio corpo como se fosse o corpo de outra.

Essa fantasia era necessária a essa paciente para obter o orgasmo. E acontece que ao contá-la – manteve-a escondida durante anos na sua análise anterior – e ao decidir não usá-la mais dessa maneira, o resultado atual da análise é que tem dificuldades com o orgasmo. Temos, em lugar da fantasia, um sintoma bem articulado.

Vemos nesse exemplo essa posição da outra mulher que é o mais escondido da fantasia histérica, e que se apresenta em cada ocasião com uma modalidade peculiar. É coisa muito escondida porque o homem, seu homem, seu marido, disso não sabe nada. Não sabe que trepa toda noite com outra mulher...

Tal é a pantomima histérica à qual Lacan faz referência. Sua fantasia, que é o mais secreto e ao mesmo tempo o que se pode observar nas atitudes e comportamentos mais cotidianos do sujeito, não é fácil de situar.

Não vou continuar este desenvolvimento, mas podem ler essa descrição, assim como a correspondente à pantomima obsessiva, nos *Escritos* de Lacan. Esta última consiste, precisamente, em que o obsessivo, com seu problema sobre a vida e a morte, aceita riscos; aceita riscos, mas se coloca ao mesmo tempo um pouco à margem da situação em que ocorrem. Em *A psicanálise e seu ensino* há duas páginas sobre tudo isso, que são realmente úteis do ponto de vista clínico.

Gostaria de situar agora a questão da resistência, este ano difícil também para mim por todos terem nas orelhas o dito de Lacan segundo o qual a única resistência é a resistência do analista. Essa foi a sua maneira de apagar a "análise das resistências", na qual o paciente é sempre o culpado por não fazer bem o seu trabalho.

Uma primeira proposição polêmica de Lacan foi assinalar que o inconsciente não resiste, só repete, e que a única resistência que há é a resistência imaginária. Resistência imaginária na qual o analista tem sua responsabilidade. Faz parte da mesma, pois *a resistência, enquanto imaginária, precisa da colaboração do analista.*

Entretanto – já o disse ontem –, há uma resistência mais fundamental que essa.

Uma resistência fundamental da qual podemos dizer que é a própria consistência da estrutura neurótica. Nessa consistência estrutural há uma inércia, uma fixação, cuja análise é a travessia da fantasia. A análise dessa última – e fundamental – inércia do sujeito.

Em um Seminário de Lacan – creio que dos anos 1960 – podemos encontrar uma frase que implica uma mudança de ponto de vista com relação à resistência, de acordo com o desenvolvimento do seu ensino. Refere-se a uma resistência que nada tem a ver com a resistência da "análise das resistências". "*As resistências*" – diz Lacan depois de vinte anos de ensino – "*são as formas da própria coerência da construção neurótica.*"

Aí já estamos naquilo de que se trata quando falamos de fantasia fundamental, pois podemos dizer que esta é como a matriz das formas de coerência de uma construção neurótica.

Acho necessário expor este tipo de coisas antes de abordar um tema com o fim da análise e a travessia da fantasia. Se uma fórmula como essa última parece difícil, é porque se deve antes elaborar de que fantasia se trata, de que tipo, qual é seu estatuto.

A própria coerência da estrutura neurótica pode permanecer, e seguramente permanece, ainda que os sintomas desapareçam, coisa que se pode observar, por exemplo, entre analistas. Não há histéricos mais puros, de certo modo, que os analisados. É que se obtém, através da análise, uma estrutura neurótica de coerência mais pura – sem prejuízo de que os sintomas, evidentemente, se tenham dissipado.

Como aproximação ao problema, darei agora duas ou três referências freudianas sobre esta questão que me parece central, que é a da relação entre sintoma e fantasia.

É sempre necessário fazer referências freudianas, pois assim o auditório fica tranquilo quanto à ortodoxia das coisas. Ao mesmo tempo, é claro, cada texto de Freud lido através de Lacan adquire um relevo inédito. *Fantasias histéricas e sua relação com a bissexualidade,*[28] texto de 1908, ou seja, um ano depois de *O poeta e a fantasia*, é um texto em que Freud relaciona, do modo mais evidente, sintoma histérico e fantasias. Ainda mais: supõe que a fantasia determina o sintoma. Diz-nos que, segundo sua experiência analítica, dado um sintoma, pode-se encontrar a fantasia que o determina. Dessa maneira considera esta última, poderíamos dizer, como o nome próprio do recalcado.

Temos assim, então, uma teoria muito simples, base das posteriores articulações kleinianas. Por quê? Porque, caso se encare a fantasia como causa do sintoma e se a conceba como uma derivação dos sonhos diurnos, o resultado será que suas imagens parecerão ser o próprio conteúdo do inconsciente. Assim, para Freud, no texto a que me refiro, o método de pesquisa psicanalítica conduz dos sintomas patentes, visíveis, às fantasias inconscientes, escondidas. Vai do sintoma à fantasia, em um caminho que faz esta última aparecer como precursora imediata, direta, do primeiro, em um sentido causal.

Pois bem, isso me parece fundamental para entender por que Lacan teve, a princípio, um problema teórico com relação a essa mesma questão. Um problema propriamente teórico, pois essa teoria freudiana não diferencia o imaginário do simbólico, enquanto seu ponto de partida foi distingui-los estritamente.

Em todos os seus primeiros textos, Lacan situa o sintoma como uma formação simbólica, enquanto a fantasia aparece localizada na dimensão imaginária. É óbvio então que tal distinção é contraditória com esse texto de Freud. Mas não com outros, pois todo mundo sabe que ele não manteve o mesmo discurso durante a vida toda, e sua obra não é um sistema acorde em todas as suas partes. Acontece o mesmo com Lacan, mas não do mesmo modo.

Inicialmente, então, para Lacan, trata-se de sustentar a primazia do simbólico sobre o imaginário. Sendo esse o ponto de partida teórico, surge um problema ao tentar situar algo que se encontra na experiência, ou seja, a prevalência que uma imagem pode tomar para o sujeito. Se o estrutural corresponde ao simbólico, como dar conta dessa prevalência?

Há várias indicações de Lacan sobre isso, prévias a uma teoria que, parece-me, depois mantém.

Em primeiro lugar, como já vimos, sua primeira fórmula da fantasia nos indica que esta se situa em uma dimensão estritamente imaginária:

$$a \longleftarrow a'$$

Em segundo lugar, Lacan assinala que a eventual prevalência de uma imagem no sujeito corresponde a uma falta no sistema simbólico. Mesmo não tendo tempo agora para desenvolver isso, já se pode encontrar em Lacan a ideia de que é em um momento de falta na cadeia significante, passível de ser escrita como Ⱥ, que pode chegar a se tornar prevalente uma imagem, um elemento de nível imaginário.

Em terceiro lugar, e como exemplo do anterior, observemos a primeira maneira com que Lacan dá conta da figura do supereu. Diz exatamente, nessa época, que quando há uma falta na cadeia simbólica é que vem, do nível imaginário, a figura obscena do supereu.

Tudo isso configura seu primeiro modo de situar a fantasia. Mas sabemos que não é o último. O importante é que é em relação a essa primeira formulação, $a \longleftarrow a'$, que adquire sentido a segunda, \$ ◊ a.

Qual é a novidade?

A novidade, o que surge primeiro como novo, não é o fato de essa segunda fórmula implicar o objeto "a", pois isso já está presente, de certo modo, na primeira. É verdade que, quanto a isso, há uma transformação que vai da consideração do objeto como imaginário à questão de seu estatuto real. Mas o novo, o escandaloso dessa fórmula já conhecida por todos, o que tem de verdadeiramente paradoxal, é implicar na fantasia o sujeito como sujeito do significante. Ou seja, fica implicado na fantasia um elemento que vem do nível simbólico, que é efeito da dimensão simbólica.

Articulam-se, assim, dois elementos heterogêneos.

Há no texto de Freud uma alusão velada a isso, quando nos diz que são necessárias duas coisas para fazer uma fantasia. Um gozo, um prazer proveniente da zona erógena, primeiro. E, segundo, o que se chama uma representação do desejo. De certo modo, ambos podem ser encontrados na fórmula $ ◊ a. Em *a*, esse gozo, vinculado com $, o sujeito do desejo.

Mas tal vinculação é paradoxal na teoria de Lacan, pois tange a dois elementos fundamentalmente diferentes em suas estruturas. Por isso, em sua topologia, situa a fantasia a partir de uma figura topológica chamada "gorro cruzado" (*crosscap*). Durante anos, ninguém entendia coisa alguma do porquê da topologia de Lacan, e talvez ele se divertisse com isso. Mas não é uma coisa que se justifique por mero prazer. Na questão em que estamos, a da fantasia, trata-se de entender algo difícil de verdade. Como pode ser que dois elementos de estruturas diferentes se vinculem entre si? Ainda por cima, essa vinculação é forte, muito resistente, a mais resistente das que aparecem na direção da cura analítica.

Uma vinculação entre significantes não é uma questão tão difícil, pois os elementos que estão em jogo são homogêneos. Não é o caso da fantasia, e por isso a importância de uma figura como o *crosscap*. Com efeito, esta é uma figura topológica composta por dois elementos de estruturas diferentes. É obtido ao vincular-se: 1) o que se chama a Faixa de Moebius, conhecida de vocês, claro; e 2) qualquer coisa estúpida como, por exemplo, um pedaço de papel comum, uma parte de um plano, de uma esfera, e que não tem em absoluto a estrutura de uma Faixa de Moebius.

O segundo é coisa conhecida por todo o mundo há séculos, enquanto a primeira, mesmo sendo também um objeto muito simples, não era conhecida por ninguém até 1860, quando Moebius a produziu através de uma teoria muito complicada sobre os polígonos.

Pois bem, o *crosscap* é então utilizado por Lacan porque permite mostrar, e até demonstrar, que há uma vinculação possível entre dois elementos de estruturas diferentes. Questão essa que sua fórmula da fantasia supõe, e onde a Faixa de Moebius corresponde ao sujeito e essa parte qualquer do plano, ao objeto. Apenas aludo, decerto, a essa construção, que não vou desenvolver aqui, mas me permite assinalar que não é suficiente pensar a prática analítica com o campo do significante. Sem dúvida, aí estão os meios do analista, mas se o sujeito é, por um lado, efeito da cadeia significante, não se deve esquecer que, por outro, se apresenta na experiência analítica com uma inércia, uma resistência proveniente da sua estreita vinculação, através da fantasia, com o objeto.

Daí que a culminação da análise precise, poderíamos dizer, de uma vacilação desse vínculo entre o sujeito e o objeto próprio da fantasia.

Todas essas diversas considerações são situáveis no grafo de Lacan, construído, de resto, com tal finalidade.

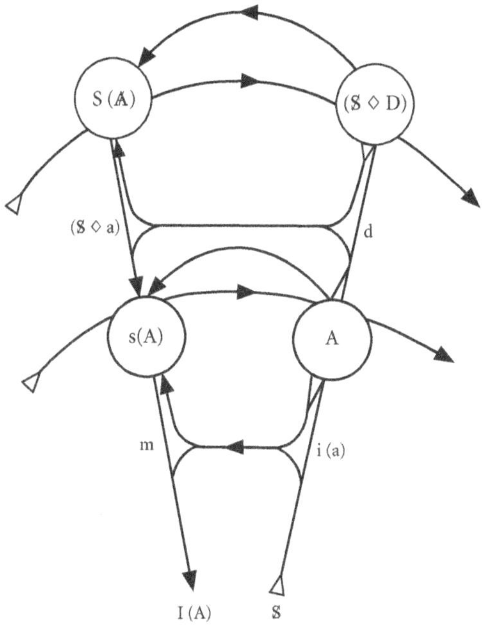

Observemos primeiro, acima e à esquerda, o ponto Ⱥ em S (Ⱥ), ponto do desejo do Outro. Imediatamente abaixo, temos \$ ◊ a, a fantasia, aí situada como uma tampa com relação a essa falta do Outro, o que ilustravam os exemplos que dei antes.

Em segundo lugar, vejamos o que prossegue, imediatamente abaixo da fantasia: algo que Lacan escreve como s(A), e que é uma de suas escrituras do sintoma. Portanto, o grafo articula o sintoma como determinado pela fantasia, e este último como tampa do desejo do Outro. É verdade, então, que a fantasia é como o resumo de toda a produção inconsciente, o que, de certo modo, dá razão a Melanie Klein, assim como explica o seu erro: considerar a fantasia somente em sua dimensão imaginária e supor que ela é o conteúdo do inconsciente.

Assinalemos por último que, no grafo, a fantasia aparece como o último ponto de bifurcação possível da trajetória que tem como ponto de partida $\$ \lozenge D$ e passa por *d*. Quer dizer, é o último lugar onde ainda é possível voltar, regressar ao que pode ser consciente para o paciente. E é verdade que a fantasia é às vezes consciente.

Pois bem, se há, para Freud, uma relação entre sintoma e fantasia, vemos que a mesma não só está inscrita no grafo de Lacan, mas também está articulada com a relação que a última mantém com a falta do Outro. Além disso, e para dar uma referência dos *Escritos*, página 636 da edição francesa, vemos que Lacan, a propósito da formação de sintomas, menciona imediatamente sua relação com a fantasia.

Só que a questão é dar conta dessa relação.

E é aqui, creio, que devemos introduzir sua definição da fantasia como axioma. A fantasia não só para o sujeito é como um axioma, também se apresenta assim na prática analítica.

Já dei a indicação de que, apesar de a fantasia poder ser reduzida a uma fórmula significante - coisa que se vê em Freud com seu *Batem em uma criança* -, nem por isso obedece à estrutura de retroação e nem ao movimento ou à dinâmica do significante. Li para vocês aquele fragmento de Freud em que ele assinala que a fantasia permanece apartada do conteúdo de uma neurose.

Mas pensemos agora nesse tipo de sistema significante por excelência que é um sistema lógico. Em um sistema lógico, certas formas são imodificáveis: seus axiomas. Justamente por estarem no fundamento do sistema lógico, não se deixam modificar pelas leis de transformação do resto do sistema. São seu ponto de partida.

Como entender então o que Freud diz, que a fantasia não tem lugar na estrutura neurótica, mas que no entanto está ligada a ela? Pela via da ideia de Lacan, a saber, de que a fantasia está ligada à estrutura neurótica da mesma forma que o axioma está ligado ao resto dedutivo de um sistema lógico.

Nesse sentido, o que Lacan escreve como S (Ⱥ) é esse significante, lugar da fantasia como axioma simbólico. É algo como o valor do que permanece quando a ordem simbólica se desvanece junto com o que se pode chegar a dizer e a saber. Por isso, ao chegarmos ao ponto mesmo da fantasia, não estamos diante de uma mera reticência do sujeito, e sim diante de uma falta das palavras e do saber. *Batem em uma criança* é o título do trabalho de Freud, mas quando ele introduz a frase completa, tal como o paciente a enuncia, vemos que é assim: "*Não sei mais. Batem em uma criança.*" Esse "não sei mais" é também muito importante, e corresponde ao que se escreve como S (Ⱥ). "*Não sei mais*"; em uma falta do saber se aloja esse resto simbólico, totalmente resistente, que é o axioma fantasmático.

Que é um axioma em lógica?

Fundamentalmente, é algo posto ao princípio. Há definições de termos, e depois axiomas, em qualquer tratado de lógica. São frases, primeira, segunda, terceira, aí postas, postuladas. Não podem ser discutidas a partir de qualquer ponto de vista, pois é a partir delas que poderão produzir-se verdades e falsidades, verificações. Mas antes delas mesmas, não há nada. São o ponto de partida e um ponto limite.

Essa é a importância e o valor de sustentarmos que há um axioma fantasmático. É só assim que se pode valorizar uma essencial indicação clínica freudiana. E isso, acho, também demonstra a precisão, a exatidão da leitura de Freud realizada por Lacan.

Aprofundemos um pouco mais a questão; que implica um axioma?

Esclareçamos, em primeiro lugar, que um matemático, por exemplo, não faz suas descobertas através da formalização. Descobre coisas fazendo suas operações. Só em um segundo tempo se trata de formular axiomas. Quer dizer, encontrar certas frases, o mais curtas e o menos numerosas possível, e postulá-las como esses poucos axiomas graças aos quais se podem fazer todas as outras operações. Por isso, podemos dizer que são posições absolutas de uma frase, que não se podem submeter à jurisdição do que vem a seguir: os teoremas e suas demonstrações.

Então, que implica o axioma fantasmático?

Implica ser uma pura criação significante.

Pois há um criacionismo, um criacionismo do significante, questão já explanada por Lacan em seu seminário sobre *As psicoses*. Antes de poder dizer "noite e dia", explica Lacan, a noite e o dia não existem. Não há nada além de variações de luz. Uma novidade absoluta, total, surge quando se introduzem no mundo os significantes "noite e dia". A própria experiência se estrutura a partir do significante que engendra a oposição, como começo absoluto. Assim, podemos entender o que significa que o significante surja *ex-nihilo*, do nada. O significante é um *fiat*, e nada pode demonstrá-lo melhor que o axioma lógico. Daí que seja divertido ler lógica matemática, e em geral todas as axiomatizações, quando se pode lê-las como o mesmo que se faz na criação do mundo. É na lógica que a gente não para de criar o mundo.

Concorda com isso o fato de que Lacan diga, a respeito de seu $\$ \lozenge a$, em algum lugar de seus *Escritos*, que são os índices de uma significação absoluta. E acrescenta: "*Noção que parecerá adequada à condição da fantasia.*"

A fantasia fundamental, para Lacan, está ligada a uma significação absoluta. Uma separação descolada, separada de tudo. A significação de *Batem em uma criança* não tem motivação anterior e é, em si mesma, um começo absoluto: "Faça-se a luz, e a luz se fez", eis o que a gente repete a cada vez que postula um axioma.

Batem em uma criança não diz: "batem em uma criança e eu gosto disso" ou "batem em uma criança e me dá medo". Nesse sentido, poderia ser a frase inicial de uma infinidade de romances e dar lugar a um desenvolvimento imaginário que não se pode saber imediatamente. Mas a frase em si, como tal, nada diz além de "batem em uma criança".

No final de seu seminário sobre *A lógica da fantasia*, Lacan também diz que a fantasia tem uma significação de verdade. Isso fica um pouco difícil de entender ao sabermos que se poderia afirmar o mesmo sobre o sintoma, já que este é como uma irrupção da verdade na vida do sujeito. Até mesmo se pode dizer, com mais força ainda, que o sintoma é *verdade*. Então, como se pode dizer, ao mesmo tempo, que a fantasia tem uma significação de verdade? E Lacan o diz. Diz em sua última conferência desse seminário, que trata menos da definição da fantasia que de sua travessia: "*A fantasia tem uma significação de verdade.*"

Como entendê-lo?

Na minha opinião, "verdade" não pode ser entendida aí como a verdade do sofrimento sintomático. Deve-se entendê-la como uma significação de verdade do sofrimento sintomático. Deve-se entendê-la como uma significação de verdade lógica. Em um sistema lógico, "verdade" é pôr a letra V em uma frase, assim como "falsidade" não é outra coisa senão pôr-lhe a letra F. Quer dizer apenas isto quando diz que a fantasia tem uma significação absoluta de verdade. Quer dizer que, para o sujeito, uma frase única - tal é a hipótese - tem significação absoluta em sua fantasia, significação de um começo absoluto. Não é a significação da fórmula "não há significação que não remeta a outra significação", ou seja, a que se refere ao sentido do sintoma. É uma significação separada de todo e qualquer contexto.

Então, o problema da travessia da fantasia e do fim da análise é: como se pode transformar, se é que se pode, a relação do sujeito com essa significação axiomática absoluta?

IV

P: Minha pergunta refere-se à questão do verdadeiro e do falso, pois me evocava uma espécie de lógica bivalente. Também o criacionismo do significante, segundo o exemplo da divisão "noite e dia", parece colocar-se em termos de uma oposição bipolar. Mas é essa uma lógica viável para a nossa experiência analítica? Principalmente se levarmos em conta que, com a introdução do conceito de "*semblant*", creio que Lacan propõe efetivamente uma dimensão do que não é nem verdadeiro nem falso. Em todo caso, algo da ordem de uma lógica fraca.

R: Sei que lhe interessam muito as questões de lógica, assim como creio que você foi um dos que propuseram o tema "Lógica do significante" para o meu Seminário de setembro de 1981. Este seminário é mais clínico do que aquele, mas de qualquer jeito posso dizer algo sobre a sua pergunta.

É verdade que a lógica bivalente não convém ao discurso analítico. Mas temos, ao mesmo tempo, que levar em conta o que é o valor propriamente saussuriano na introdução do conceito de significante. Esse valor é o seguinte: um significante não é nada, salvo por oposição a outro ou a um conjunto de outros significantes. Tal é o princípio da lógica do significante, resumido de maneira que não pode ser mais simples na escritura de Lacan: $S_1//S_2$. É a formulação mais simples que se possa imaginar do princípio diacrítico de Saussure, onde o termo "diacrítico" não quer dizer outra coisa senão: algo só vale através de uma oposição. E isso se poderia dizer que é bivalente. Exemplos de Lacan, como o de "noite e dia", correspondem a esse nível de introdução do significante e seu valor diacrítico.

É exato, ao mesmo tempo, que para nós não é suficiente contarmos somente com um valor de verdade e outro de falsidade para conceituar o que encontramos na experiência.

É exato, também, que "o semblante" – para usar por enquanto essa tradução de "*le semblant*" – é um elemento que não é exatamente nem verdadeiro nem falso. "*Semblant*" é uma palavra inventada por Lacan, a partir de uma expressão francesa, precisamente para não empregar o termo "aparência". Quando se diz "aparência", pensa-se que há uma substância por trás. Ao passo que, quando se diz "*semblant*", pode ser uma aparência, mas à qual não corresponde qualquer substância. Lacan encontrou um problema de expressão na conceituação, por exemplo, de "falo", a partir da sua diferenciação entre o simbólico, o imaginário e o real. Pois é exato que o falo é uma imagem. Uma imagem tirada do corpo. Mas é, ao mesmo tempo, uma imagem posta em série nas cadeias significantes. Daí a dificuldade, que consiste na maneira de formular ao mesmo tempo a origem imaginária do falo e sua função na ordem simbólica. Em seu texto sobre a psicose, nos *Escritos*, Lacan o menciona como um significante imaginário. Mas temos que reconhecer que essa é uma expressão um pouco contraditória consigo mesma, e que a palavra "semblante" é mais adequada.

Nesse sentido, pode-se dizer que todos os significantes também são semblantes, e justamente as formalizações lógicas nos dão uma experiência disso. É só pôr as definições e os axiomas convenientes, e se desenvolve um sistema. Um sistema de semblantes lógicos. Pois bem, o extraordinário é que surjam algumas impossibilidades com esses semblantes de significantes. A princípio, a liberdade é completa e, nesse sentido, a lógica é uma escola de liberdade frente ao significante. Mas depois das definições e dos axiomas, essa liberdade inicial se vai reduzindo até encontrar, a partir da mesma, certas impossibilidades. E quando se encontram tais impossibilidades produzidas por um sistema de semblantes, podemos dizer que encontramos o real. Tem um valor imenso esse ensinamento de Lacan sobre a conexão entre o real e o impossível.

Agora vou acrescentar o seguinte, já que acho que esta quarta intervenção pode consistir nas respostas às perguntas de vocês. Acho importante destacar, no ensino de Lacan, esse deslocamento que há na ênfase dada a respeito da verdade. Em seu ensino, a figura mais conhecida da verdade é a da verdade que fala. Foi em seu escrito *A coisa freudiana*, em que a própria verdade se expõe em certo momento, e diz: "Eu, a Verdade, falo." E a verdade fala, por exemplo, de Diana e Acteão, e de outras coisas. Mas nesse caso a verdade é uma figura de comédia, como pode ser trágica caso se trate, por exemplo, da verdade que fala no sintoma. Mas creio que isso não é a totalidade da figura da verdade em Lacan. Tempos depois, nos anos 1970, faz uma declaração que adquire muito sentido se a gente pensa no seu ensinamento anterior. Diz: "*Devemos, na experiência analítica, reduzir a verdade ao mesmo estatuto que tem na lógica matemática.*" Ou seja, pensar a verdade como uma letra. Acho que é em *Radiofonia* que o diz, e tem uma aplicação muito simples, precisamente na questão da fantasia.

A existência de uma significação de verdade da fantasia quer dizer somente que a frase (por exemplo, a freudiana "batem em uma criança") tem a letra V. O sujeito não pode deduzi-la de qualquer outra coisa, e ela tem, em si mesma, uma posição absoluta.

P: Queria fazer-lhe duas perguntas. A primeira refere-se à articulação que se poderia fazer entre o axioma fantasmático, esse axioma ligado a uma significação absoluta, e o traço unário. A segunda pergunta refere-se ao obsessivo. Segundo as teorizações freudianas, as formações sintomáticas supõem um retorno do recalcado. Portanto, no obsessivo, seus cerimoniais, rituais etc. marcariam progressivamente um retorno do recalcado. Você, por outro lado, levantava a necessidade de sustentar o eu que se apresenta no obsessivo. Pode-se pensar, além desse nível imaginário, que haja um nível pelo qual o obsessivo encontre um gozo na reiteração de seus sintomas?

R: Estou de acordo, há uma relação entre axioma e traço unário. Isso está implicado na fórmula do "discurso do Mestre", que também é, não devemos esquecer, a fórmula do discurso do inconsciente como tal. Isto último, Lacan não o disse muitas vezes. Só o disse uma vez.

Lacan inventou o matema S_1 depois de sua consideração sobre o "traço unário". É um matema mais geral do que este último, mas não há dúvida de que um de seus valores é o "traço unário". Acho, com efeito, que há uma relação entre a vinculação do sujeito com essa função eminente do significante, o traço unário, e sua vinculação como objeto *a* na fantasia. Ambas as coisas estão perfeitamente escritas neste discurso:

Mas são muitos os problemas que surgem ao compararmos essas duas instâncias. Observemos que a novidade que o discurso analítico introduz é uma mudança de posição entre essas duas funções:

Vemos que agora, para o sujeito, onde estava S_1 está *a*, e onde estava *a* está S_1.

Pois bem, essa mudança de posições me parece fundamental na estrutura da própria cura analítica. Não é, sem dúvida, uma posição natural do objeto ocupar o lugar que normalmente seria o do Mestre. São muitas as implicações disso na direção da cura. Por exemplo, não é a mesma coisa manter o chamado "enquadre analítico" como um Mestre, um Mestre-analista, e mantê-lo como objeto. Mantê-lo, sim, porque tem que ser mantido, fazendo semblante de objeto.

É difícil transmitir isso a um auditório tão amplo. É difícil porque, na direção da cura, a diferença se observa em coisas muito pequenas. Pedir algo ao paciente, que volte no dia seguinte, pode ser feito à maneira do Mestre ou da maneira que convém ao psicanalista. A diferença é grande. Trata-se seguramente de assumir uma função pela qual se apresenta uma exigência ao paciente. Mas se deve apagar todo o imaginário do Mestre e efetuar o pedido sendo nós mesmos, se se pode dizer, como um real. Como uma instância do impossível. Com certa inflexibilidade, como uma instância do impossível de mudar, por exemplo, e sem escutar os excelentes motivos que o paciente tem para não vir porque não pode, seus outros compromissos etc.

Tal inflexibilidade, Lacan a encarnou em sua própria vida. Em, sua instituição, e também em outros lugares. Quando tinha uma ideia na cabeça, encarnava essa impossibilidade de mudar a despeito dos excelentes motivos dos discípulos ou pacientes. Até o fim. Isso, no meu entender, é encarnar o real – coisa muito diferente de encarnar o Mestre, mesmo que se trate do mesmo lugar no discurso.

A segunda pergunta, por favor, que era sobre o gozo do obsessivo, e mais precisamente...?

P: Sim, era sobre como pensar o gozo no sintoma obsessivo. Partia da ideia freudiana de que as defesas secundárias do obsessivo, rituais etc., apareciam tingidas, afinal, pela erotização contra a qual o sujeito pretendia precaver-se. Ou seja, funcionando permanentemente um retorno do recalcado nas formações sintomáticas da obsessão. Como em todas as neuroses, é claro. Eu me perguntava então como se pode delinear isso do ponto de vista da teoria lacaniana, em relação ao eu, e a nível do real do eu: enquanto possibilidade de gozo nessa reiteração que poderia transcender à reiteração imaginária. Para pensá-lo na linha da repetição e do gozo. Essa é a pergunta...

R: Há muitas coisas em sua pergunta, e não é possível responder tudo, mas... Bom. Aquilo que no perverso, por exemplo, se pode chamar – tanto em nível teórico quanto em um plano empírico, fenomênico – de "vontade de gozo" é coisa que não se encontra no neurótico. Seguramente, o desejo toma no perverso a forma de uma vontade de gozo, e essa é a expressão que Lacan utilizou a propósito de Sade.

Isso até pode, de certo modo, aparecer para o perverso no plano consciente de seu comportamento, mas não aparece assim na neurose. Pelo contrário, o que parece no obsessivo é justamente a queixa por uma ausência de gozo, por um certo deserto de gozo.

Pois bem; o que sabemos, por intermédio de algumas de suas manifestações, é que goza, mas em um lugar que não conhece. É um lugar onde está como sujeito mas não o sabe, e é isso que ensina aos analistas. Encontramos aqui, então, a problemática que consiste em localizar, em cada oportunidade – se é que a expressão é válida –, o "sujeito do gozo". É algo misterioso. Onde está o sujeito do significante é coisa que as formações do inconsciente mostram. Cada vez que há um lapso, este nos mostra onde está o sujeito do inconsciente, pois é sua própria emergência. Mas onde está o "sujeito do gozo", em que lugar, é muito mais misterioso.

A expressão "sujeito do gozo" deve ser tomada com certa precaução. Que eu saiba, Lacan a emprega uma vez só, e precisamente a questão é saber se existe algo como um "sujeito do gozo". O que conhecemos até agora é a bem problemática localização do sujeito na fantasia. Bem problemática porque, por exemplo, onde está o sujeito em *Batem em uma criança?*

P: Uma pergunta com relação à substância. A substância, tal como foi compreendida no pensamento ocidental, tem a propriedade de ser em si, ou seja, absoluta. É fundamento, presença permanente, não implica estrutura temporal, é imodificável. A pergunta é: como se diferencia a fantasia fundamental de uma substância, posto que – recalcado primário – não é modificável, permanece; não é elemento de um sistema de transformações; poderíamos entender que é em si, é fundamento; além disso, não obedece à estrutura temporal da retroação e não tem oposto; é absoluta, como uma verdade absoluta?

R: Quando se faz a lista do que a gente disse...

P: Bom, é que esta é a primeira vez que ouço falar da fantasia ["*fantasma*"], é por isso.

R: Fico satisfeito por ter sido ouvido com essa atenção. É verdade que o gozo é o mais substancial que há na experiência analítica. E a fantasia fundamental é o que vem encarcerar o gozo. Mas é verdade que na experiência analítica, quando falamos de inércia, de resistência fundamental, do real nesse sentido, o gozo é a única substância que podemos conhecer. De resto, não se deve andar dizendo isso por aí, já que o ponto de vista substancial não é nossa regra na direção da cura. Lacan o disse uma vez, no começo de seu seminário *Mais, ainda*, quando assinala que o gozo é o que mais se parece, para nós, com uma substância. Trata-se de um ponto de vista diferente do relativo ao significante, pois neste último campo jamais se pode encontrar uma substância, e sim uma cadeia de semblantes. Por isso, quando o sujeito se define a partir da cadeia significante, não há substância, há mobilidade infinita. Esse foi um tema de Lacan muito apreciado pelos filósofos por lhes permitir imaginarem uma espécie de liberdade infinita dos significantes em que cada um pode, o tempo todo, ser traduzido por outro, e onde toda a cultura podia articular-se nesse movimento infinito de infinitas cadeias de significantes. Mas Lacan não introduziu a função de cadeia significante para entusiasmar as populações com essa liberdade infinita. Pelo contrário: introduziu-a porque, como o mostra a experiência analítica, trata-se da ausência de substância do sujeito. A escritura barrada de S, como $\$$, é isto: a falta de substância do sujeito do significante.

Essa função de ausência produz-se na experiência analítica, e se aprofunda ainda mais pelo fato de que esta põe em jogo, ao mesmo tempo, a função da presença. Observem que essa ausência surgirá pela via do significante, embora, sobretudo na experiência analítica, seja necessária a presença do analisante e do analista. Trata-se, a cada vez, de um encontro: um encontro marcado com uma presença. É certo que às vezes, com Lacan, a sessão se reduzia a um encontro; ou seja, a essa presença. É que na experiência analítica a fantasia é o momento, o instante em que se faz a experiência de uma presença. Assim o diz Lacan, de um modo um pouco escondido, mas que deve ser ressaltado, quando fala de Sade. Vamos estudar, nos diz ele, a função da presença na fantasia de Sade. Tal função, evidentemente, não se aplica só à fantasia de Sade, e sim à fantasia enquanto tal. Para falar sobre isso, usou uma referência filosófica de Heidegger, no sentido de que essa experiência da presença é como uma experiência de *Dasein*, de um "ser-aí". Do ponto de vista do significante, na experiência analítica, nunca há um "ser-aí". O ser do sujeito do significante, para dizê-lo assim, movimenta-se em sua cadeia e nunca "está aí". Quando Lacan analisa as formações do inconsciente, um lapso, por exemplo, demonstra que sua emergência é sempre um pouco antes ou um pouco depois, mas que não têm presente. É necessário, primeiro, a palavra, para depois saber, retroativamente, que o sujeito "estava aí". Creio que essas são as considerações teóricas mais conhecidas de Lacan, as de que o sujeito nunca está presente porque se constitui antes ou depois. Tal é seu destino no significante. Mas na fantasia a questão é diferente. Na fantasia, o sujeito está aí. Temos que procurar onde, mas está, e por isso está presente na experiência analítica, além da relação do sujeito com o significante, a questão da sua vinculação com esse algo que lhe dá permanência. É nesse sentido que não existe só um aspecto imaginário do eu, tema tão conhecido de Lacan, mas algo desconhecido que é a sua vinculação com essa espécie de permanência.

P: Queria fazer uma pergunta, ou melhor, pôr à sua consideração um lugar onde creio ter lido outra proposta de substância além da substância gozante. Na "Proposição de 9 de outubro", e com relação ao conceito de "sujeito suposto saber", Lacan assinala que não devemos entender isso de "suposto" como derivado do verbo "supor", mas no sentido que "suposto" tem em Aristóteles. Fui procurar esse sentido, e encontrei que "suposto" é uma das acepções de "substância", e é empregado como "sujeito" no sentido de sujeito de uma proposição lógica. É algo que não fica claro para mim, mas me pareceu que Lacan aqui nos podia apresentar uma possibilidade de pensar outra substância além da gozante, que não fosse nem a extensa e nem a pensante. Uma substância enquanto sujeito de uma proposição lógica.

R: A própria citação a que você se refere fica sem precisões... mas devo dizer que o sujeito de uma proposição lógica não é, de modo algum, uma substância.

É certo que surgem confusões sobre essa e outras questões por causa da tradução latina de Aristóteles. Foi uma coisa que Heidegger também assinalou, afirmando que não podia entender nada de filosofia grega em sua tradução latina. Sobre isso, ficam coisas a desenvolver, mas o importante é esclarecer que a 'οὐσία' de Aristóteles não é a mesma coisa que a *substantia* dos latinos. Para marcar a diferença, pensemos não só na proposição lógica dos gregos, mas na nossa moderna maneira de considerá-la.

Em termos bem simples: há, na história da consideração lógica da linguagem, uma primeira ruptura quando Aristóteles começa a substituir frases por letras. É uma coisa extraordinária esse achado de pôr letras em lugar de frases. Mas há outra ruptura, com Frege, quando se considera que toda frase da linguagem pode ser reduzida, articulada, em termos de "função" e "variável". Ou seja, pode-se pegar qualquer frase e reduzi-la, por exemplo, a algo assim: β (x), onde a letra beta é uma função e x, uma variável.

Vejamos a frase "*batem em uma criança*". Pode ser analisada da seguinte maneira: "*batem em*" se reduz a beta, a uma função. E "*uma criança*" pode substituir o lugar do x, a variável. Então, da suposta substância individual, pois a pergunta é sobre isso, da suposta substância individual, que resta? Uma variável e nenhuma substância. Assim, tudo o que faz referência, na nossa linguagem, a indivíduos, a supostas substâncias, se reduz por articulação com o lugar da variável. Variável que, por seu lado, é a coisa mais tênue possível. Também extraímos disso algo importante a respeito de Lacan. Especialmente em seus seminários, quando fazia improvisações, Lacan empregava muito a palavra função, por exemplo na expressão "função de sujeito". Houve gente, então, em Paris, que achou que era muito inteligente e moderno dizer "a função sujeito" em vez de "função de sujeito". Mas é um erro, pois se a gente quer fazer essa redução, tem que dizer "a variável sujeito". O sujeito barrado, $\$$, não é outra coisa senão o lugar de uma variável que está articulada com uma cadeia significante. Com tudo isso, só posso fazer aqui uma mera aproximação a esse tipo de questões, mas espero que seja suficiente para esclarecer que o sujeito não é uma substância e sim uma variável. Penso que uma proposição lógica bem-teorizada não nos introduz a qualquer tipo de substância, e sim à sua redução a variáveis.

P: Uma pergunta talvez reiterativa. Uma frase como "batem em uma criança" contém em si uma significação? Ou é uma frase geradora de significação?

R: Qual é sua ideia?

P: Minha ideia é a seguinte: se é geradora de sentido, teríamos aí um real, algo impossível de atingir, esse ponto limite da fantasia que você descreveu. Se não é assim, e a fantasia contém em si mesma uma significação, então existiria – a meu entender – o perigo de voltar à ideia de um significante fundamental ou à ideia de um recalcado. Retrocederíamos à ideia de um deus ou de um algo aonde chegar, que estaria submerso sob o recalque primário.

R: Bom, tenho que dizer que essa frase tem uma significação. Não podemos dizer outra coisa porque se digo "batem em uma criança", ou "uma criança é espancada", todo o mundo aqui, apesar do meu castelhano, entende e compreende essa frase. Temos, por outro lado, uma construção gramatical correta, de maneira que, se acompanhamos Chomsky, temos que admitir sem discussão que a frase possui uma significação. Mas temos que levar em conta ao mesmo tempo que, para o sujeito que a comunica a Freud, ela é: "*Não sei mais. Batem em uma criança.*" A frase tem então uma significação, mas é absoluta no sentido etimológico do termo. É uma significação separada e não solúvel em um contexto. Misteriosa para o próprio sujeito, para quem surge amarrada a um "*não sei mais*".

Quando um analista está atento às emergências desse tipo de fenômenos, pode obter uma lista extensa dos mesmos, embora não, evidentemente, a respeito de um mesmo sujeito. Tem-se, de certo modo, que desejar encontrá-los. Quando se lê o texto de Freud, não se pode deixar de observar sua exigência de pesquisa, o pedido que efetua ao paciente para que lhe diga mais sobre isso. Com isso não quero dizer que seja preciso fazê-lo assim, e sabemos que aqui há efeitos clínicos que devem ser levados em conta.

Como exemplo, no entanto, posso dizer-lhes que recebi, há algum tempo, uma senhora trêmula e em impressionante estado de pânico. Anteriormente se tinha analisado durante sete anos. Fazia um ano que havia deixado esse tratamento, e agora já não o suportava e nem se suportava mais. Eu soube disso depois de duas entrevistas muito difíceis, pois falava muito pouco. Simplesmente permanecia com seu pânico no consultório. Se estava lá, é porque havia uma demanda, mas muda, pois não falava a não ser para dizer que tudo era impossível. Depois de duas ou três entrevistas extensas, e não de sessões curtas, entrevistas que fizeram outros pacientes esperarem, ela revelou que lhe surgia uma ideia no meio do seu pânico. Essa ideia era uma fantasia que não tinha podido comunicar nos sete anos da sua análise anterior, e que não é tão divertida como a que consideramos ontem. Consistia na ideia de pôr uma criança entre as pernas, e urinar.

Depois de dizer isso, seu estado de pânico, pelo menos, retrocedeu.

P: Minha pergunta se enlaça com essas últimas questões que você está desenvolvendo. Quando fez referência à paciente cuja fantasia era "ser uma lavadeira, apaixonar-se por um sacerdote e depois ser queimada", pareceria que comunica a fantasia fundamental, que a paciente a entrega. Mas em outro momento, quando você pega o exemplo de "batem em uma criança", grifa que a fantasia fundamental, segundo tempo dessa fantasia, é construída pelo analista. Então, que relação há entre a fantasia comunicada e a construída pelo analista? Como você concebe o trabalho analítico uma vez construída a fantasia fundamental? Outra questão: no caso do "Homem dos lobos", Freud trabalha em torno de uma fantasia construída por ele, a da cena primordial. Que relação há entre todo esse trabalho e o destino posterior do "Homem dos lobos"?

R: Creio que se deslizou uma ambiguidade na minha exposição de ontem, o que possibilitou um equívoco. Não considero de modo algum que a fantasia da minha paciente, "ser uma lavadeira etc.", seja uma fantasia fundamental. Creio tê-lo dito, mas obviamente sem a ênfase necessária; essa fantasia não é mais, a meu ver, que um exemplo emblemático da questão. Como teria assinalado Freud, trata-se de um sonho diurno familiar para a paciente, com o qual obtinha um prazer, quando jovem, através da masturbação. Ela mesma diz que, em certo momento, podia masturbar-se com essa estória duas ou três vezes ou dez vezes, mas já sem gosto, e deixou de ser um recurso para ela. No entanto, a fantasia permaneceu por si mesma, como um sonho diurno já simplificado e com certa articulação precisa, própria do aspecto talentoso dessa paciente. É indicativo, precisamente, da transição que vai da fantasmatização diurna e sua selva à fantasia fundamental. Mas só isso.

Não vou retomar, certamente, a história do "Homem dos lobos", mas acho que é certo que a reconstrução da cena primordial feita por Freud ocupa o lugar da construção de uma fantasia fundamental. Também acho que, com a oposição entre sintoma e fantasia, e com a diferenciação entre fantasmatização e fantasia fundamental, poderiam ser relidos grandes textos da literatura psicanalítica. É uma coisa possível. O caso Schreber poderia ser relido considerando-se que se inicia com um sonho diurno: "*que beleza seria ser uma mulher...*". A palavra "beleza" (= *schön*)[29] que figura aí nos indica também uma coisa específica da fantasia, pois a função da beleza, do belo, é uma função fantasmática essencial. Lacan não falou muito disso, mas no seu seminário sobre *A ética da psicanálise* nos diz que a função da beleza é como a última barreira quando um sujeito se aproxima, em última instância, do horror de seu gozo. É por isso que essa função da beleza na fantasia é também o que impede de atravessá-la, tema que eventualmente se poderia desenvolver também a propósito do caso Schreber. Em Sade, da mesma forma, comprovamos que as vítimas são todas sempre da mais alta beleza, e em sua fantasia, perversa, trata-se precisamente de atravessar a barreira da beleza para obter um dejeto.

P: Gostaria de fazer uma pergunta. Grande parte dos primeiros anos do ensino de Lacan estiveram centrados em, como se diz, pôr o eu em seu lugar. Digamos: no que hoje a gente poderia considerar seu verdadeiro lugar. Então, agora, com relação a essa espécie de direção da cura que você parece propor, dirigida para a busca de uma fantasia fundamental, digamos que poderia implicar, me parece, o risco de regressar de alguma forma ao eu do analista. Por exemplo, você nos lembrou que Freud a procura com insistência em "Batem em uma criança", o que é verdade. No entanto, Lacan nos ensinou que Freud se equivoca mais de uma vez por procurar com insistência. Como quando procura o amor de Dora pelo sr. K. De maneira que há aí um argumento que, a princípio, me parece questionável. Por outro lado, Lacan – citando Picasso – repetiu mais de uma vez: "Eu não procuro, encontro." Portanto, minha pergunta se dirige ao seguinte: como evitar esse risco que, pelo menos, digamos, se coloca para o meu pensamento?

R: Seguramente. É verdade que Freud não é um exemplo para nós, e que não podemos buscar as coisas no seu estilo. Não é um exemplo.

Creio, por meu lado, que o analista tem que ter um desejo, mas um desejo que não é uma busca. O analista, porém, tem que saber o que deseja obter do paciente. No final do seminário sobre *Os quatro conceitos*, Lacan diz isso ao dizer que o analista deseja obter uma diferença absoluta no paciente. Trata-se disso, segundo cada caso, mas é verdade que é importante não confundir o desejo do analista com a sua demanda. A única demanda, como tal, do analista ao paciente, é que retorne. Mas seu desejo é outra coisa, e depende da própria análise. Dizer que o fim da análise se situa no nível da fantasia é dizer também que se espera que o analista se volte um pouco para trás da sua própria. Não que não a tenha mais, mas sim que obtenha um ponto de vista sobre o seu próprio comportamento no mundo, e sobre a sua própria maneira de responder ao desejo do Outro. É como ir, em um teatro, por trás, para ver o que lá ocorre e o que sustenta o seu funcionamento. Por exemplo, há nesse momento um senhor por trás com muitas máquinas. Vocês todos o sabem, pois sabemos que nossa própria voz depende de algo que ninguém aqui pode ver, e que está por trás. A travessia da fantasia é dar uma volta pelos bastidores para saber como isso funciona.

P: Para ratificar algo que Miller disse antes, queria dizer que escutei, certa época, gente da IPA afirmando que o enquadre cura por si mesmo. Ou seja, se fosse mantido de forma bem estrita, isso já curava sozinho. Agora vem a pergunta: qual é a fundamentação teórica do dispositivo da sessão breve, introduzido por Lacan? Pois se o introduz para evitar a ritualização e a conseguinte procrastinação do paciente, então me parece que aqui na Argentina se começou a utilizar a sessão breve de um modo também ritualizado. Simplesmente, em vez de cinquenta minutos, a sessão passou a ser de vinte ou trinta. Intuo que a fundamentação de Lacan é completamente diferente. Também queria que considerasse a possível relação disso com a ética da psicanálise.

R: Obrigado por essa pergunta.

Primeiro ponto: a sessão curta nunca foi um tema de propaganda em Lacan. Nunca incentivou seus discípulos, tampouco, a fazerem como ele quanto à duração das sessões. Então, situemos bem as coisas. Foi um tema pelo qual alguns colegas, primeiro, e a IPA, depois, desataram polêmicas contra ele. Mas nunca foi tema de propaganda para os lacanianos.

Segundo ponto: deve-se levar em conta que a outra face da sessão curta é o que disse esta manhã – uma responsabilidade muito maior, e mais ampla, do analista. Quando Lacan tirava férias, não era para esquecer por um tempo seus pacientes. Se era necessário, deixava seu endereço e seu telefone pessoal. A sessão curta não estava a serviço da sua comodidade, e aceitava que seus pacientes o amolassem, mesmo já havendo terminado o dia de trabalho. Estava, e podia ser encontrado – mesmo aos sábados e domingos – pelo telefone, pois não tinha, por exemplo, a religião do *week-end*.

Terceiro ponto: acho que há coisas que foram possíveis para Lacan, que não o são para qualquer outro. Sua prática não foi somente a de alguém que pode funcionar como sujeito suposto saber. Fazer a pantomima necessária para se apresentar como sujeito suposto saber é coisa que muitos podem ensinar e outros muitos, aprender. Inclusive, já não é preciso imitar um analista velho e austríaco para isso. Hoje há jovens psicólogos de vinte anos que se arranjam direitinho para fazê-lo. Mas a diferença com Lacan é que ele sabia. E saber, ou inventar o saber, faz uma diferença e explica as coisas em sua prática que outros não se podem permitir. Portanto, deve-se levar em conta que a sessão curta, por sua vez, foi coisa muito pessoal e própria de Lacan. Do mesmo modo que, inicialmente, o emprego do divã foi um método conveniente para Freud em termos que lhe eram estritamente pessoais.

Quarto ponto: é verdade que, se a gente faz variar o tempo da sessão de modo a que o paciente não saiba de antemão quanto vai ficar, o que ele diz importa, e importa de verdade. Isso permite obter certos efeitos clínicos, coisa dita por Lacan, nos *Escritos*, através do exemplo de um obsessivo.

Quinto ponto: como veem, já são mais que os do raciocínio do caldeirão. Temos que reconhecer que agora, pelo menos para os lacanianos franceses, já é costume cortar a sessão e fazê-la mais breve. Ou seja, Lacan foi muito imitado nisso. Ele tinha uma multidão de pacientes, e a questão do tempo não deixa também de ter relação com isso. O certo é que os lacanianos o imitaram nesse ponto. Recordemos, de resto, que o inconsciente não conhece o tempo, e que este último levanta a questão da vinculação da prática analítica com a prática social geral. Quer dizer, sua vinculação com o discurso do Mestre, do qual surge a exigência de que o analista deva trocar seu tempo por dinheiro. É só quando se consegue produzir, graças a Lacan, uma certa autonomia do discurso analítico em relação a esse vínculo que se pode deixar de obedecer à regulação do tempo que o mercado efetua. Também há um mercado da transferência, mas este é um mercado próprio da análise.

P: Você sustenta que não se pode pensar a clínica psicanalítica em termos de uma lógica bivalente. Seria necessário pensá-la em termos de trivalência, ou até de polivalência. Mas, por outro lado, se coloca a necessidade de introduzir os conceitos em termos de antinomias, pois não se poderia fazê-lo de outra maneira. Não há então um verdadeiro entrecruzamento essencial quanto à bivalência e à trivalência das lógicas úteis para pensar a prática analítica?

R: Seria útil para os analistas conhecerem mais a respeito de lógica matemática, e sabe-se que esse era o ponto de vista de Lacan. Posso dizer que a lógica analítica não é bivalente, mas não sei se uma trivalente nos resultaria mais apta. Nesta perspectiva, possivelmente necessitemos de uma lógica com uma quantidade de valores muito grande. Também poderia ser útil empregar as lógicas chamadas inconsistentes. Irei em breve ao Brasil para me encontrar com o papa das lógicas inconsistentes, um brasileiro chamado Newton da Costa. Ao que parece, vamos encontrar-nos para discutir sobre psicanálise e lógica, e talvez, depois disso, possa responder melhor à sua pergunta.

P: Qual seria o estatuto da fantasia fundamental, independentemente de que se efetue ou não a sua travessia? Essa pergunta me surgiu a partir do que escutei em torno da questão da fantasia como geradora ou não de significação. Escutando sua resposta, comecei a me questionar sobre a importância central que a ideia da fantasia fundamental estava tomando, à margem de que se a atravesse ou não. Pois se partimos de que os significantes circulam, então, em todo caso, uma fantasia poderia ser substituída por outra que desse um lugar fundamental ao pequeno objeto para...

R: Bem. Que significa a travessia da fantasia, no caso de ser algo que se possa dizer rapidamente? Lacan nos dá uma ideia disso justamente a respeito de Sade. Sade – nos diz Lacan – não foi enganado por sua própria fantasia. Sua própria literatura prova que conhecia alguma coisa do funcionamento das suas fantasias. *Trata-se, pois, não da desaparição da fantasia, e sim de não ser enganado por ela. É verdade que isso é essencial para o analista. É essencial que tenha a possibilidade de tomar certa distância com relação à sua própria fantasia.*

Notas de tradução

1. Título da primeira e mais conhecida tradução francesa da *Traumdeutung* de Freud, que foi vertida ao português como *A interpretação dos sonhos*. A expressão alemã, na realidade, significa "o sentido dos sonhos".
2. Em brasileiro, diríamos *balbúrdia* ou *bagunça*.
3. *Grafo*: embora não tenha registro nos dicionários gerais (tanto em português quanto em castelhano ou francês), o vocábulo é conhecido e utilizado pelos matemáticos e consta dos dicionários especializados. Lacan, que o utiliza desde 1960, nos diz, no Seminário 20, que é "um termo que tem um sentido preciso na lógica matemática". Em linhas muito gerais, trata-se de uma configuração geométrica que supõe relações entre pares de lugares; estes se representam por pontos, e as relações que os unem, por segmentos ou arcos de curva.
4. Não traduziremos as letras lacanianas, ainda que estas não correspondam, em português, à inicial do que designam (Outro = A etc.); é que deixaram de ser abreviaturas e se tornaram, internacionalmente, verdadeiros operadores teóricos independentes da carga semântica original. Veja-se, como exemplo, o objeto *a*.
5. Quanto à discriminação *je/moi*, acompanharemos a versão em castelhano incluindo, quando for o caso, *moi* entre parênteses. Na maioria das vezes, porém, não havendo indicação da referência francesa, anotaremos apenas "eu".
6. Eu, *supereu*, isso: acompanharemos os vários tradutores dos seminários de Lacan, aportuguesando as três instâncias da segunda tópica freudiana que, na versão brasileira das obra de Freud, foram batizadas com os pronomes latinos *Ego*, *Id* e o derivado *Superego*.
7. *Alocutário*: termo de Edouard Pichon, mencionado por Lacan em *Função e campo da palavra e da linguagem em psicanálise*: "a alocução do sujeito aí comporta um alocutário". E esclarece, em nota de 1966: "Mesmo se fala com 'uma personagem que não está em cena', ele se dirige a esse (grande) Outro do qual consolidamos a teoria desde então..."
8. Traduzido para o português, equivocadamente, por *Os instintos e seus destinos*.
9. *Piropo*: galanteio, ou cantada, que – como se lerá no texto – assume características muito peculiares nos países hispânicos.

10. *Vale*: muito usado, em vários países de fala castelhana, de maneira equivalente ao nosso coloquial *tá*, tanto de forma interrogativa quanto afirmativa.
11. *Foracluída*: derivado de *foraclusão*, neologismo introduzido pelos tradutores brasileiros dos Seminários de Lacan para verter a *forclusion*, termo com que este batizou em francês o mecanismo da *Verwerfung* (isolado por Freud para as psicoses). Decerto que poderíamos optar por *preclusão*, vocábulo jurídico equivalente ao de Lacan; com isso, porém, se perderia a ideia essencial expressa na origem latina *for-* (de *foris*, fora) e *-clusion* (de *claustro*, clausurar, fechar).
12. Publicado em português como *Artigos sobre técnica.*
13. Publicado em português como *Inibições, sintomas e ansiedade.*
14. Publicado em português como *Recordar, repetir e elaborar.*
15. Publicado em português como *Novas recomendações sobre a técnica da psicanálise.*
16. Publicado em português como *Observações sobre o amor transferencial.*
17. *Amo*: referência a um dos "quatro discursos" que Lacan isolou como constituintes do laço social. Em francês, diz-se *maître*, com valor de *amo* (por oposição a *servo*), ou de *mestre* (por oposição a *discípulo*); em castelhano, cristalizou-se a expressão "*discurso del amo*", enquanto que em português se registra uma oscilação entre "... do amo" e "... do mestre". Sendo ambas equivalentes, a utilização de uma ou de outra expressão dependerá do contexto.
18. *Fantasia*: no texto em castelhano figura o vocábulo *fantasma*, utilizado amplamente naquela língua, nos meios lacanianos, em contraposição a *fantasia*, impregnada por ressonâncias da psicologia e da psicanálise kleiniana. Trata-se de traduzir as *phantasien* freudianas, que em francês, a partir das traduções das obras de Freud, foram batizadas com o termo – até então em desuso – *fantasmes*. No Brasil, a questão está em debate, e tanto *fantasia* como *fantasma* vêm sendo utilizados em diferentes publicações. Nós mesmos participamos desse debate, defendendo no artigo "In-tradução do fantasma" (revista *Letra Freudiana*, n. 2, Rio de Janeiro, 1985) o emprego do termo *fantasma*.

    Nesta obra, entretanto, utilizaremos *fantasia* em seu lugar, levados pela necessidade de unificar o vocabulário com outras publicações da mesma editora, inclusive os Seminários de Lacan. Mesmo assim, tivemos que manter derivados como *fantasmático* e *fantasmatização* (por falta de equivalentes adequados), e, outras vezes, indicar entre colchetes o termo no original – *fantasma* –, sem o que o texto ficaria incompreensível.

19. *Supereu-oica*: relativo ao supereu, que preferimos em vez de "supe-regóica" por manter coerência com a designação das instâncias da segunda tópica por pronomes em português. Inspirado na forma "eu-oico", introduzida por Betty Milan em sua tradução do Seminário 1 (*Os escritos técnicos de Freud*, Rio de Janeiro, Zahar., 2ª ed., 2009).
20. Publicado em português como *Psicologia de grupo e análise do ego.*
21. Publicado em português como *O Ego e o Id.*
22. *Gozo*: o vocábulo nos serve para traduzir *jouissance*, conceito que, a partir de 1960, Lacan situa além do prazer. A dificuldade da tradução são as conotações que, em português, *gozo* evoca: de orgasmo ou de zombaria. Entretanto, é certamente a solução mais adequada, pois tanto *juissance* quanto *goce* (vocábulo castelhano que dá origem a *gozo*) se originam no latim *gaudium* (júbilo, fruição etc.).
23. Publicado em português como *Esboço da psicanálise.*
24. Publicado em português como *Uma criança é espancada.*
25. Publicado em português como *Escritores criativos e devaneio.*
26. Referência à moeda "peso argentino", que circulou naquele país até meados de 1985, e cujo símbolo era: $ a.
27. *Ponto de basta*: aquilo que Lacan chamou "*point de capiton*" em seu seminário sobre as psicoses, e que às vezes se designa no Brasil, em linguagem de ofício e de comércio, com galicismo "capitonê".
28. Publicado em português como *Fantasias histéricas e sua relação com a bissexualidade.*
29. *Schön*, em realidade, é adjetivo. A frase de Schreber, que adaptamos para torná-la mais coloquial, deveria ser: "que lindo, ou que belo, ou que bonito, seria ser uma mulher...".

Agradecimentos do tradutor

Paulo Becker - Luís Carlos Fridman - Antonio Godino Cabas - Eduardo Vidal - Samuel Jurkiewicz - e, sobretudo, Paulina Wacht de Roitman que, com sua leitura, esclarecimentos e sugestões, contribuíram para este trabalho.

Campo Freudiano no Brasil

O Que Quer uma Mulher?
Serge André

Para Ler o Seminário 11 de Lacan
Os quatro conceitos
fundamentais da psicanálise
Richard Feldstein, Bruce Fink
e Maire Jaanus (orgs.)

Estratégias na Neurose Obsessiva
Luiz Renato Gazzola

Os Complexos Familiares
na Formação do Indivíduo

Escritos

Estou Falando com as Paredes

Meu Ensino

O Mito Individual do Neurótico

Nomes-do-Pai

Outros Escritos

O Seminário, livro 01
Os escritos técnicos de Freud

O Seminário, livro 02
O eu na teoria de Freud
e na técnica da psicanálise

O Seminário, livro 03
As psicoses

O Seminário, livro 04
A relação de objeto

O Seminário, livro 05
As formações do inconsciente

O Seminário, livro 07
A ética da psicanálise

O Seminário, livro 08
A transferência

O Seminário, livro 10
A angústia

O Seminário, livro 11
Os quatro conceitos
fundamentais da psicanálise

O Seminário, livro 16
De um Outro ao outro

O Seminário, livro 17
O avesso da psicanálise

O Seminário, livro 18
De um discurso que não fosse semblante

O Seminário, livro 19
...ou pior

O Seminário, livro 20
Mais, ainda

O Seminário, livro 23
O sinthoma

Televisão

O Triunfo da Religião
Jacques Lacan

Lacan Elucidado
Palestras no Brasil

Matemas I

Percurso de Lacan
Uma introdução

Perspectivas do Seminário 23 de Lacan
O sinthoma

Perspectivas dos Escritos
e Outros Escritos de Lacan
Entre desejo e gozo

Silet
Os paradoxos da pulsão, de Freud a Lacan
Jacques-Alain Miller

Ornicar?
De Jacques Lacan a Lewis Carroll
Jacques-Alain Miller (org.)

A Inibição Intelectual na Psicanálise
Ana Lydia Santiago

Freud e a Perversão
Patrick Valas

Psicossomática e Psicanálise
Roger Wartel e outros